41 485

BASTEI
LÜBBE
TASCHENBUCH

MICHAELA SEUL

Lieber spät als nie

WENN MÜTTER
FLÜGGE WERDEN

BASTEI
LÜBBE
TASCHENBUCH

Dieser Titel ist auch als E-Book erschienen
Originalausgabe
Copyright © 2018 by Bastei Lübbe AG, Köln
Lektorat: Ulrike Strerath-Bolz
Umschlaggestaltung: U1berlin / Patrizia Di Stefano
Unter Verwendung von Motiven von © Salvadorova / shutterstock
Satz: hanseatenSatz-bremen, Bremen
Gesetzt aus der Adobe Caslon Pro
Druck und Verarbeitung: Druckerei C.H. Beck, Nördlingen
Printed in Germany
ISBN 978-3-404-61027-3

2   4   5   3   1

Sie finden uns im Internet unter www.luebbe.de
Bitte beachten Sie auch: www.lesejury.de

Ein verlagsneues Buch kostet in Deutschland und Österreich
jeweils überall dasselbe.
Damit die kulturelle Vielfalt erhalten und für die Leser bezahlbar bleibt,
gibt es die gesetzliche Buchpreisbindung. Ob im Internet, in der Groß-
buchhandlung, beim lokalen Buchhändler, im Dorf oder in der Großstadt –
überall bekommen Sie Ihre verlagsneuen Bücher zum selben Preis.

Für Mama

Inhalt

Prolog: Das hat immer mein Mann gemacht   11
Mutter unter den Fittichen   14

Mama mobil   19
Kavalier der Straße   21
Tatort Garage   23
Die Autoamputation   25
Frau am Steuer – ungeheuer!   27
Die Schlüsselfrage   30
Ich sehe was, was du nicht siehst   34

Mama gibt Gas   37
Die Todesspirale   43
Busen im Verkehr   44

Mama von der Rolle   49
Männer mähen   52
Die Frau denkt, der Mann lenkt   55
Die Waffen der Frauen   58
Fernsehen in der Gebärmutter   62
Zwiebel im Taschentuch   66
Papa steigt aus   71

Die Ehe ist das Grab der Frau   75
Der Segen der Stiftung   78
Der kleine Dienstweg   80
Die Ehemannzipation   83
Damenwahl   86

Vorsicht ist die Mutter der Porzellankiste   89
     Entwaffnend   91
     Trau, schau, wem   93
     Das gefühlte Alter   95
     Das bezifferte Alter   98
     Gewissensfragen   101

Klassentreffen   107

Mama macht kurzen Prozess   115
     Alte Liebe rostet nicht   117
     Die zwei Lebensfragen einer Frau   121
     Mütterbespaßung   122
     Spielverderber   128
     Ein langer Prozess   130

Wer nicht hören will, muss fühlen   133
     Im Wald mit lauter Bäumen   135

Ohne Fleiß kein Preis   139
     Auf die Knie   140
     Tue immer deine Pflicht, sage nie: Das kann ich nicht   144
     Rezept für Harmonie   147

Wer den Pfennig nicht ehrt, ist des Talers nicht wert   149
     Einem geschenkten Gaul schaut man nicht ins Maul   151
     Generation all-inclusive   152
     Spare in der Zeit, so hast du in der Not   155
     Mannequin Mama   158
     Schönheit muss leiden   160

Trautes Heim, Glück allein   163
     Im Wein liegt Wahrheit   167
     After Eighty   169

Die erfundene Tochter 171
Annabeln 172

Studientreffen 175
Der schiefe Haussegen 179

Mutter sucht Schraube 183
Die Frau von 187
Die Heimwerkerin 188

Durch Schaden wird man klug 191
Der Morgenappell 194

Was der Bauer nicht kennt, das frisst er nicht 197
Mama muckt auf 198

Mütterdämmerung 201
Gebranntes Kind scheut das Feuer 203
Muttermangel 206
Erwachsene Kinder 208
Mamamia! 212

Sturm der Liebe 215
Breaking Bad 218

Die anonymen Angehörigen 221
Betties Bereich 224
Augentropfen 230

Aus Müttern werden Leute 233
Mama hebt ab 236

Prolog:
Das hat immer mein Mann gemacht

Die Stimme meiner Mutter am Telefon klingt so aufgeregt, dass ich im ersten Moment befürchte, etwas Schlimmes sei geschehen. Mein Vater ist Mitte achtzig, und wann immer meine Mutter mich zu einer ungewöhnlichen Uhrzeit anruft, höre ich innerlich das Tuten der Alarmstufe Rot aus Raumschiff Enterprise, das wir früher zusammen anschauten, Mama, Papa, Bruder und ich, jeden Samstag.

»Ich habe es getan!«, schreit meine Mutter ins Telefon. Keine Ahnung, wovon sie spricht. Es klingt wie ein Geständnis. Aber das kann nicht sein. Nicht bei uns. Wir sind eine tadellose Familie. Meine Eltern setzen seit einem halben Jahrhundert auf Harmonie, ich muss mir keine Sorgen machen, wenngleich das Konfliktpotenzial, das sie unter den Teppich gekehrt haben, mittlerweile auch erfahrene Familientherapeuten ins Straucheln bringen könnte.

»Was hast du getan?«, brülle ich zurück, obwohl meine Mutter mit ihren über siebzig Jahren noch sehr gut hört.

»Ich war in der Waschanlage!«

»In welcher …?«, will ich nachfragen, werde aber sofort unterbrochen von einem Schwall: »Dreimal bin ich letzte Woche daran vorbeigefahren auf dem Weg zum Aldi. Immer habe ich gedacht, jetzt mach ich es. Gestern habe ich mir alles ganz genau durchgelesen. Vorne dran ist ein Schild. Aber dann bin ich doch in die Tankstelle reingegangen, und da war so ein netter junger Mann an der Kasse, und der hat gesagt, das ist keine große Sache, das kann jeder, und er hat mir alles genau erklärt.

Man muss nur die Karte einstecken und auf den grünen Knopf drücken. Dann geht es automatisch.«

»Super«, sage ich.

»Ja, es war ganz einfach, also, das mache ich wieder, überhaupt kein Problem. Und so ein ausnehmend freundlicher junger Mann!« Ihr Strahlen dringt durchs Telefon.

»Das hast du ganz toll gemacht, Mama«, sage ich.

»Ich wollte es dir unbedingt gleich erzählen.«

»Total super, Mama«, lobe ich erneut.

Dann lege ich auf und rufe meine beste Freundin an, um ihr brühwarm zu erzählen, was meine Mutter in Ekstase versetzt. Bei Sanne ist belegt, das nervt mich, weil die Geschichte abkühlen wird. Ich merke es ja jetzt schon, dass ich mich frage, ob das nicht Mutterverrat ist. Sie hat mir die Mission Waschstraße anvertraut. Ist sie bei mir in guten Händen? Oder sollte sie mir peinlich sein? Eine solche Mutter wirft einen Schatten auf meine Souveränität, offenbart sie doch einiges über meine Herkunft. Nein, meine Mutter war nicht maßgeblich beteiligt an der Gleichstellung von Frau und Mann im Grundgesetz oder hat mir zur ersten Menstruation ein Emma-Abo geschenkt. Und ich bin sogar froh um dieses Rollenmodell, das ich um keinen Preis imitieren wollte. Wer weiß, in welcher Küche ich schmoren würde, wäre sie eine gesellschaftspolitische Aktivistin gewesen. Hätte meine Revolution dann im Thermomix stattgefunden? Meine Mutter hat mir verboten, unter der Bettdecke mit Taschenlampe zu lesen, und als ich auf die Idee mit dem Kühlschranklicht kam, gab es Hausarrest. Von Energieverschwendung kein Wort, sie war ja auch nicht bei den Grünen, zumal mein Vater, der Familienpräsident, ihr diktierte, was sie bei Wahlen ankreuzen sollte. Politisch engagiert wäre sie sicher eine Kuchenfrau geworden, die bei Stadtteilfesten mit anderen Ehefrauen und Müttern um das lauteste *Mmh* gewettbacht hätte. Obwohl sie nicht gern bäckt. Klaglos hätte sie getan, was von ihr erwartet wurde. Heute sind Demut und Achtsamkeit in. Damals waren sie nicht der Rede wert, bei Frauen gehörten sie zur Zier.

Vielleicht sollte ich Mutters Begeisterung für die Waschstraße als Metapher verstehen. Waschen und Straße – Häuslichkeit und Freiheit vereint? Wie würde meine Waschstraße aussehen? Was bedeutet für mich eine Herausforderung? Jeder hat so seine Macken, gestehe ich meiner Mutter welche zu? Allmählich geht mir ein Licht auf. Nachdenklich melde ich mich am Telefon, als Sanne zurückruft. Aus meiner brühwarmen Erzählung ist ein wohltemperierter Bericht geworden.

»So sind sie«, seufzt Sanne, die sich in den letzten Jahren zunehmend dafür beglückwünscht, fünfhundert Kilometer entfernt von ihrer Mutter zu wohnen.

Wir versichern uns gegenseitig, dass wir selbst nie so werden. Später frage ich mich: *Wie* will ich nie werden? Bin ich nicht schon längst so, ich bin die Tochter meiner Mutter, wenngleich ich seit meinem achtzehnten Lebensjahr, ohne mit der Wimper zu zucken, durch Waschanlagen fahre, ja, ich bleibe sogar im Auto sitzen, ganz ohne Panikattacke. Ich fühle mich schlecht, weil ich mich lustig gemacht habe, und simse meiner Mutter: »Ich bin stolz auf dich.«

Überlege, nachdem ich gesendet habe, ob das der Wahrheit entspricht. Das ist so, wenn man zu Füßen eines Teppichmassivs aufwächst, da sagt man nicht die Wahrheit, sondern das, was erwartet wird. Irgendwer hat einmal vermutet, dass ich aus diesem Grund Schriftstellerin werden musste. Angeblich wollte ich die unter dem Teppich gefangenen Wörter befreien. Ich habe natürlich auch etwas dazuerfunden. Habe mich eingefühlt. Aber in meine Mutter? In die eigene Mutter? Die scheint mir ziemlich fremd geblieben zu sein, sonst hätte ich in all den Jahren wohl nicht an sie hingeredet wie an ein krankes Pferd. Das nun durch die Waschanlage galoppiert. So was kann schon mal geschehen in den unendlichen Weiten des Weltraums, wie ich seit Raumschiff Enterprise weiß, das unterwegs war, um fremde Galaxien zu erforschen, neues Leben und neue Zivilisationen. Viele Lichtjahre von der Erde entfernt dringt die Enterprise in Galaxien vor, die nie ein Mensch zuvor gesehen hat. So wie ich in meinem Raumschiff Buch auf der Milchstraße einen neuen Mutterstern entdecke.

Mutter unter den Fittichen

»Diana, ich ess' jetzt ein Käsbrot«, sagt mein Vater, und meine Mutter bereitet es ihm mundgerecht zu.

»Diana, ich trink jetzt einen Kaffee«, sagt mein Vater, und meine Mutter setzt Wasser auf. Vor vielen Jahren schob ich mir im Beisein meines Vaters einmal ein Bonbon in den Mund. »Für mich auch«, bat er. Ich reichte ihm eines, er legte es auf die Zunge und rief empört: »Da ist ja noch Papier dran!«

Papa bestimmte die Route des Familienschiffs und hatte das Ruder in der Hand, Mama ordnete sich unter beziehungsweise schob Papas Ruder mit Charme und Diplomatie auf raffinierten Umwegen in die von ihr gewünschte Richtung. Papa traf Entscheidungen. Das war Männersache. Lange wollte meine Mutter nicht wahrhaben, dass der Kapitän schwächelte, dass er vergesslich wurde. Denn das bedeutete, dass sie nun das Ruder in die Hand nehmen und Entscheidungen fällen musste. Dagegen wehrte sie sich mit einer Hartnäckigkeit und Zähigkeit, die mich verblüffte. Wie konnte es mir gelingen, diese Energie der Verweigerung umzuwandeln, wie konnte ich meiner Mutter unter die Arme greifen, sie unter die Fittiche nehmen, damit sie flügge wurde?

Meine Mutter ist beileibe kein Einzelfall. Als ich eingeschult wurde, waren alle Mütter meiner Klassenkameradinnen und -kameraden Hausfrauen. Ich erinnere mich gut an die erste Schulstunde. Jedes Kind nannte den Beruf seines Vaters. Der Beruf der Mutter kam nicht vor, sie hatte nämlich keinen, beziehungsweise nicht mehr. Und wenn sie einen gehabt hatte, war der in der Regel nur ein Lückenbüßer für die Zeitspanne zwischen Volljährigkeit, damals noch mit einundzwanzig, und Ehe. Die kinderlose Zeit währte oft nur kurz, idealerweise neun Monate nach der Hochzeit. Mit dem Kind wurde sie zur Hausfrau und Mutter, und alles war in Ordnung. Männer verdienten das Geld und waren stolz, sich eine Frau zu Hause leisten zu können. Die leistete auch was. Die Wohnungen glänzten proper, die Kinder sagten Bitte und Danke, Mutti trug Verantwortung – vor allem in der Küche und für die Wäsche, wobei Lenor ihr Gehirn weichspülte. Noch früher bekam der Mann sonntags das größte Stück Fleisch auf den Teller.

In dem Mietshaus mit vierundfünfzig Parteien, in dem ich bis zu meinem achten Jahr lebte, gab es ein einziges Ehepaar ohne Kinder. Und diese Frau ging auch noch arbeiten! Da sie nett war, herrschte die Meinung, sie könne keine Kinder bekommen; natürlich sie. Mit Männern haben Kinder nichts zu tun. Dass sie vielleicht keine wollte, darauf wäre niemand gekommen, das wäre ja anormal gewesen! Das Mietshaus stand übrigens in München, also nicht in irgendeinem Kuhdorf, auch wenn das manche behaupten. Später zog eine alleinerziehende (!) Mutter mit zwei Kindern ins Erdgeschoss. Die arbeitete auch und wurde von allen gemobbt, weil sie einen schlechten Charakter hatte, was man daran merkte, dass sie keinen Mann hatte, sonst wäre der wohl nicht weggelaufen. In dieser netten Nachbarschaft wuchs ich auf und hatte schon früh den Eindruck, dass da etwas nicht stimmte.

Diese Mütter, Frauen sind heute 70 plus. Ihre oft älteren Männer – eine Frau sollte damals mindestens zwei, besser ab vier Jahre jünger sein als ihr Ehemann – sind vielleicht gestorben, dement oder leiden an anderen Altersgebrechen. Auf einmal stehen die Frauen »allein« da. Plötzlich sollen sie Dinge tun, die bis jetzt immer ihr Mann erledigt hat. Das fängt beim Betanken des Wagens an, führt über Bankgeschäfte zu kleinen handwerklichen Tätigkeiten im Haushalt. Wo ist der Sicherungskasten? Haben wir so was überhaupt? Und natürlich sollen sie Entscheidungen fällen, ihren Mann stehen – und das überfordert sie.

Die Kinder, vor allem die Töchter dieser Mütter, haben oft jahrelang an ihre Mütter hingeredet: Mama, denk doch mal an dich. Mama, du musst selbstständiger werden, Mama, du musst ein eigenes Leben führen. Aber die Mütter sahen dazu keine Veranlassung. Es klappte doch alles prima. *Papa und ich sind ein gutes Team.* Doch eines Tages funktioniert die jahrzehntelang gelebte Rollenaufteilung nicht mehr. Manche Frauen, die jung geheiratet haben, denken jenseits der siebzig zum ersten Mal darüber nach: Was will ich eigentlich? Muss ich bis zum bitteren Ende an einen Griesgram gefesselt bleiben? Habe ich nicht schon genug ertragen in den Jahrzehnten davor? Vielleicht sehen sie an ihren eigenen Töchtern, dass es auch anders geht, dass Beziehungen auf Augenhöhe gelebt werden können anstatt in Dienstboten-Herrschaftsverhältnissen. Im Alter verändern sich Menschen; gerade Männer werden oft ruppig, wortkarg und depressiv, wenn sie nicht mehr so können, wie sie wollen.

Doch bis eine brave, eine »normale« Frau aus dem vergangenen Jahrtausend aufbegehrt, ist es ein langer Weg, und allzu oft wird er nur in der Fantasie beschritten. Denn eigentlich würden sie viel lieber in ihrer Komfortzone bleiben, allein die Umstände – der Mann schwächelt oder ist gestorben – haben sie zu diesem späten Aufbruch gezwungen. Und dann geschieht manchmal doch noch ein kleines Wunder: Sie erobern sich ein eigenes Leben. Und so wie uns vor Jahrzehnten unsere Mütter am Start geholfen haben, unsere ersten Schritte auf krummen Beinchen im Windelgang zu meistern, das erste Mal die Schuhe zuzubinden, ohne Schwimmflügel ins Wasser und ganz allein zur Schule zu gehen … so können wir sie auch unterstützen in ihrem letzten Lebensviertel. Wir können es auch bleiben lassen. Oder nur aus einem Gefühl der Verpflichtung heraus helfen. Man will ja selbst noch in den Spiegel schauen können. Oder aber wir begreifen es als letzte Gelegenheit, die Beziehung zu unserer Mutter zu verändern. Eine gute Beziehung kann neue Facetten entwickeln, eine schlechte Beziehung kann sich verbessern, auch scheinbar hoffnungslose Fälle, also unglückliche Tochter-Mutter-Liebesgeschichten, können erstaunlicherweise heilen. Bedürftigkeit eröffnet immer eine Chance, wenn wir uns darauf einlassen. Können wir das Potenzial in diesem Wandel erkennen? Die Veränderung im Rollengefüge Mama–Papa wirkt sich auch auf die Beziehung zur Tochter aus und umgekehrt. So kann eine neue Qualität in der Begegnung zwischen Müttern und Töchtern entstehen.

Und dann … heben sie gemeinsam ab, Mutter und Tochter, und zwitschern in den Frühlingsmorgen ihrer neuen Verbundenheit. Vielleicht schaut ihnen die Enkelin und Tochter nach und prägt sich diese Flugroute ein. Ich bin überzeugt davon, sie führt nach Süden, dorthin, wo es warm und schön ist und wo alle reichlich Nahrung finden. Eine gute Beziehung zur Mutter, zur Tochter ist Seelennahrung. Schon ein paar Körnchen können genügen, und die Saat wird keimen, das liegt in der Natur dieser Beziehung. Einer Beziehung, die sich bis zum letzten Atemzug verändern kann.

Bis vor einigen Jahren ging man davon aus, dass die Persönlichkeit eines Menschen unveränderbar wäre. So hatte es der »Vater« der Psychoanalyse, Sigmund Freud, gedeutet. Sind nicht alle Wesenszüge in der Kindheit betoniert? Seine Erkenntnisse waren geprägt vom herrschenden Zeitgeist, und der war frauenfeindlich und insgesamt auch nicht besonders menschenfreundlich. Die aktuelle Altersforschung hat belegt, dass wir uns bis ins hohe Alter verändern können, egal wie unsere Flügel in der Kindheit beschnitten wurden. Sie können nachwachsen, »nachreifen« nennt dies die Wissenschaft. Die Erfahrungen, die wir im Leben sammeln, bilden sich zum Teil auch in unseren Genen ab. Wir geben vereinfacht ausgedrückt nicht nur die Farbe unserer Augen und Form unserer Ohren weiter, sondern auch die Farbe unserer Lebenseinstellung, hell oder dunkel. Persönlichkeitsveränderungen sind allerdings nicht durch eine bloße Bitte von der Tochter an die Mutter zu erreichen. Sie brauchen Zeit, und am besten gedeihen sie mit dem Dünger Liebe. Doch auch Leid kann das Leben positiv beeinflussen, wenn es gelingt, Krisen als Chancen zu nutzen. Und nicht selten wachsen in der Krise Flügel, und aus der Vogelperspektive sieht alles ganz anders aus …

Mama mobil

Meine Mutter machte den Führerschein in den 1960er-Jahren kurz nach ihrer Hochzeit, damit mein Vater, wenn sie hin und wieder ausgingen, Alkohol trinken konnte. Die Promillegrenze interessierte kaum jemanden, sie war auch erst 1953 eingeführt worden, und mit 1,5 Promille war Mann selbstredend noch verkehrstüchtig. Im Wirtschaftswunderdeutschland wurde viel gefeiert: Wer hart arbeitet, will auch gut essen und trinken. Frauen tranken wenig oder gar nicht, viele begannen als Zeichen der Emanzipation zu rauchen.

Später besaß meine Mutter ein eigenes kleines Auto. Die Limousine fuhr Papa, und wann immer die beiden zusammen unterwegs waren, saß er am Steuer. Das war so unabdingbar wie die Knödel, die zum Schweinebraten serviert wurden. So vergingen die Jahre, gute Jahre. Mit Anfang achtzig ließ Papas Gedächtnis nach. Je vergesslicher er wurde, desto mehr mutierte meine Mutter zum Navi: Vorsicht, da vorne kommt ein Fahrradfahrer. Jetzt links! Achtung, eine Ampel. Rot. Rot! Stopp!!! Betreutes Fahren. Es wurde gefährlich. Aber wie sollte sie ihrem Mann das Fahren ausreden? Das konnte sie ihm nicht wegnehmen, nicht sein Auto! Als mein Bruder untersagte, dass Opa die Kinder chauffierte, herrschte Alarmstufe Rot.

»Ich kann es ihm nicht verbieten«, jammerte meine Mutter. »Das ist doch alles, was ihm noch geblieben ist! Sein Mercedes.«

»Da wird nicht diskutiert«, sagte ich. »Du nimmst ihm einfach den Schlüssel ab.«

Einfach? Seinem Chef, unter dem man seit mehr als fünfzig Jahren diente? Da war meine Mutter die falsche Ansprechpartnerin. Es gehörte also zu meinen Aufgaben, Papa das Autofahren auszureden. Um für eine entspannte Stimmung zu sorgen, fiel ich nicht mit der Tür ins Haus, sondern mit Mohnstreuselkuchen. Nach dem Kaffee fragte ich wie nebenbei: »Papa, glaubst du eigentlich nicht, dass du mittlerweile zu alt zum Autofahren bist?«.

Er schaute mich an, als hätte ich ihn gefragt, ob er sich eine Geschlechtsumwandlung vorstellen könnte. »Nein.« Dann mauerte er sein Gesicht zu, und ich musste mir eingestehen, dass er in gewisser Hinsicht auch mein Chef war.

Meine Mutter wagte mit an Todesmut grenzender Beherztheit einen Vorstoß. »Weil du doch in letzter Zeit ein bisschen langsam geworden bist.«

»Ich fahre ja nicht, das Auto fährt«, entgegnete mein Vater.

»Und schlecht siehst«, ließ meine Mutter nicht locker. Was hatte sie Schreckliches als Beifahrerin erlebt, dass sie zu widersprechen wagte?

»Dafür hab ich eine Brille.«

»Und überhaupt. Die Reaktionen. Die Sinne.«

»Ich sehe und höre sehr gut.« Papa schlug die Zeitung auf, das Gespräch war beendet, Mama am Rande eines Nervenzusammenbruchs. Was Papa aber nicht mitbekam, hinter der Zeitung. Monate, wenn nicht Jahre seines Lebens verbrachte er mit der Zeitung vor dem Gesicht. Wir alle lasen aus der Art, wie seine Hände das Papier hielten, ent- oder verspannt, und passten unsere seiner Kommunikation an. Heute gehört die Zeitung zu seinen Hauptbeschäftigungen. Unermüdlich fängt er von vorne an, es ist immer wieder brandaktuell für ihn. In der Küche flüsterte meine Mutter mit mir: »Siehst du, er kann sich selbst überhaupt nicht einschätzen. Er merkt nicht, was mit ihm los ist.«

»Ich schau mir das mal an«, sagte ich.

Kavalier der Straße

Am nächsten Tag bat ich meinen Vater, mich zur S-Bahn zu fahren.

»Selbstverständlich«, sagte er.

Überpünktlich wie immer, also zehn Minuten vor der Zeit, schließlich ging es im weitesten Sinne darum, keinen Zug zu verpassen, fuhren sie vor; Mama kalkweiß, Papa guter Dinge. »Es war entsetzlich«, raunte sie mir zu, behielt den Rest aber für sich, obwohl mein Vater damit beschäftigt war, den gähnend leeren Kofferraum, sieht man von Verbandskasten und Warndreieck und -westen ab, aufzuräumen. Man spricht nicht über Anwesende. Seit mein Vater vergesslich geworden ist, wurde erst recht nicht gesprochen. Nicht darüber. Sonst wird er böse, sagte meine Mutter. Böse ist der schlimmste anzunehmende Fall, der Super-Gau, der bei meiner sensiblen Mutter bereits droht, wenn mein Vater die Stirn runzelt, denn ist das nicht ein Angriff auf die eheliche Harmonie?

Papa, ganz Kavalier, verstaute meine Tasche im Kofferraum. Wie geschmeidig er sich bewegte, und das in seinem hohen Alter. Allein den Kopf konnte er nicht mehr drehen. Aber auf solche Kleinigkeiten kann man beim Autofahren verzichten, außerdem passte Mama auf.

»Jetzt links«, sagte sie, als wir von meiner Einfahrt auf die Straße abbogen.

»Weiß ich«, knurrte er.

Seine Hände umfassten das Lenkrad fest, sein Blick war starr nach vorne gerichtet. Ich spürte, dass er sich anstrengte. Mein Mund wurde trocken. Meine Mutter scannte die Umgebung. Mir wurde heiß. Wir fuhren 50 km/h. Außerhalb einer geschlossenen Ortschaft auf einer Landstraße. Hinter uns brüllte ein Traktor auf. Das interessierte meinen Vater nicht, König der Straße in seinem Mercedes, auf den er jahrelang hingearbeitet hatte, vom Käfer über R4, R6, R16 zu Citroën und dann endlich der erste. Ganz in Weiß. Samstagvormittag wurde er gewaschen, mit der Hand. Mein Bruder durfte nur die Felgen schrubben und behauptet bis heute, dass dies, was seine Eignung zum Hausmann betrifft, Dellen hinterlassen habe. Nun, er hat es stattdessen zum Schiffskapitän gebracht und damit den größten Traum meines Vaters verwirklicht: die Seefahrt.

Als ich meinem Vater neulich iPhones Siri vorstellte, wollte er von ihr wissen: Wie lang ist das größte Schiff der Welt? Und schätzte dann selbst: knapp 400 Meter. Siri korrigierte geringfügig. So nah wäre ich nicht dran gewesen, und meine Mutter und ich freuten uns noch tagelang an diesem Aufblitzen seines früheren Geistes, Wesens ... ja, was ist es, was da verschwindet in den schwarzen Löchern der Tiefsee?

Obwohl Papa sehr langsam fuhr und seine Hände das Lenkrad geradezu umklammerten, war ich nach zehn Minuten Fahrt fix und fertig. Meine Mutter auch. Allein mein Vater war die Ruhe selbst.

»Und, wie war's?«, fragte mein Mann am Abend.

»Fahren kann er noch, also mit Unterstützung meiner Mutter. Aber er könnte Bremse und Gas verwechseln. So was liest man doch. Nicht mehr wissen, wo rechts und links ist. Das kommt vor. In einem solchen Fall kann meine Mutter nicht eingreifen.«

»Aber sie hat doch selbst einen Führerschein«, sagte mein Mann.

»Theoretisch.«

»Hat sie oder hat sie nicht?«

»Beides«, sagte ich, und in diesem Moment erkannte ich, dass meine Aufgabe noch gewaltiger war als angenommen. Ich musste meinem Vater nicht nur den Autoschlüssel wegnehmen, sondern ihn meiner Mutter übergeben. Damit würde ich ihn entthronen und meine Mutter krönen. Ich befürchtete, sie würde den Kopf so heftig schütteln, dass die Krone runterfiel. Und dann? Wäre sie an die Wohnung gefesselt und würde mich ständig anrufen, ob ich sie zum Einkaufen fahren, ob ich dies und jenes für sie erledigen könnte. Bloß weil sie nicht fahren wollte. Ich merkte, dass ich wütend wurde, schon allein theoretisch. Immer dieses *Ich kann nicht. Ich kann nicht* bedeutete: nicht allein, nur mit Papa. Wie aber konnte ich ihr Mut machen? Wohl kaum, indem ich sie anblaffte. Und über allem schwebte die Frage: Was tust du gern für deine Mutter, was ist deine Pflicht? Wie viel deiner Zeit widmest du ihr aus vollem Herzen und wie viel, weil sie dich zu einem höflichen Menschen erzogen hat? Und weil du in den Spiegel schauen können willst, ohne dich zu schämen. Aber wenn ich allein aus diesem Grund handelte, würde ich mich erst recht schämen.

Tatort Garage

Mein Nachbar arbeitet als Gelber Engel beim ADAC. Hin und wieder hat er ein Auto »an der Hand«, wie man so sagt. Er findet diese Autos meistens in den Garagen gepflegter Eigenheime. Dort hängt das Werkzeug am richtigen Platz an der Wand, und wenn etwas fehlt, erkennt man das an der Kreidezeichnung wie beim Tatort, da lag die Leiche, hier eher die Tatwaffe: Hammer, Drehmomentschlüssel. In einer solchen Garage steht eine ältere Dame voller Kummer. »Das Auto muss zum TÜV. Mein Nachbar/Sohn, meine Tochter/Bekannte würde es für mich hinfahren, aber es springt nicht an.«

Kein Wunder, parkt es doch seit Monaten, wenn nicht zwei Jahren unbenutzt in der Garage, denn der Mann ist gestorben oder krank oder dement.

»Und Sie haben keinen Führerschein?«, erkundigt sich der Engel, den man folgerichtig gerufen hat, schließlich ist der Gatte im Besitz der goldenen Mitgliedskarte.

»Doch, schon. Aber ich bin ja seit Ewigkeiten nicht mehr gefahren.«

»Und wenn Sie wieder anfangen?«

»Um Gottes willen!«

Auch der Gelbe Engel kennt die Empörung, mit der dieses Ansinnen zurückgewiesen wird. Nun, vielleicht gehört das auch zu einer Frau, die ihren Mann steht. Die Autos sind meist in einem fabelhaften Zustand, sozusagen Schnäppchen. Die Frauen wollen sie loswerden, mit Autos kennen sie sich nicht aus: »Das hat immer mein Mann gemacht.« Um den Preis wollen sie beim Verkaufen nicht feilschen, auch wenn ihre Kinder den Kopf schütteln, Hauptsache weg damit. Dann kann auch keiner mehr verlangen, sie müssten selbst fahren.

Je länger ich darüber nachdachte, desto dringender erschien es mir, meine Mutter mobil zu halten. Sie war zwar vor einigen Jahren mit meinem Vater in die Nachbarschaft meines Bruders gezogen, doch als Seemann ist der selten an Land. Seine Söhne in der Pubertät entdeckten die Welt, wenn auch in ihren Zimmern bei gnadenlosem Schiefhalstraining. Meine Schwägerin konnte sich endlich wieder ihrem Beruf widmen, was sie mit Begeisterung machte. Wer würde meine Mutter zum Einkaufen und zum Arzt fahren, wie sollte sie die S-Bahn erreichen, zu Fuß war das zu weit, und mit dem Rad … wie lange war sie nicht mehr Rad gefahren? Eins nach dem anderen, beschwor ich mich. Erst Auto, dann Rad. Die Mission hieß: Mama mobil! Natürlich fiel mir da das Papamobil ein. Wer im Glashaus sitzt, soll nicht mit Steinen werfen. Aber das Papamobil war ja aus Panzerglas.

Die Autoamputation

»Du darfst das mit dem Autofahren nicht eins zu eins setzen«, sagte meine kluge Freundin Sanne. »Für uns ist Autofahren ein Klacks. Du musst an etwas anderes denken, wovor du Angst hast, was dir Sorgen macht. Was du dir nicht zutraust. Und dann von dir verlangen, das zu tun. In dieser Situation befindet sich deine Mutter.«

Ich dachte nach. »Das wäre vielleicht so, wie wenn ich zu Fuß ganz allein mitten in der Nacht bei einem Schneesturm in den Alpen verschollen wäre«, formulierte ich das Schlimmste, was ich mir vorstellen konnte. Nein, es gab noch etwas Schlimmeres: »Mutterseelenallein im Weltraum, und Raumschiff Enterprise weilt in der Werft.«

Sanne grinste. »Ehrlich gesagt dachte ich nicht so weit weg. Ich hatte deine heimische Garage im Blick.«

Ich wusste sofort, was sie meinte. Und schämte mich. Es ist nicht nur von Vorteil, wenn man sich so lange kennt. Sanne wusste genau: Ich musste nicht in die Berge oder ins All. Eine meiner Herausforderungen stand in meiner Garage. Mein Motorrad nämlich. Früher bin ich viel gefahren, aber seit ein Hund zur Familie gehört, bin ich in manchem Sommer nur zwei, drei Mal zum Baden gedüst, damit es bewegt wird. In der Nacht vor einem Ausritt schlafe ich schlecht. Bevor ich losfahre, habe ich Herzklopfen. Wenn ich dann durch die Landschaft brause, ist es wunderbar, doch ich fahre zu selten, nie mehr überwiegt das Glücksgefühl vergangener Tage, heute befürchte ich in jeder Kurve Rollsplitt oder Kuhfladen.

Ich versuchte eine Ehrenrettung: »Wenn ich nur ein Motorrad hätte und nicht aufs Auto ausweichen könnte, wäre es für mich keine Frage, dass ich immer mit dem Motorrad fahren würde. Auch im Winter. Ich will doch mobil bleiben.«

»Ja, weil das ein sehr hoher Wert für dich ist. Aber womöglich kann sich deine Mutter gar nicht vorstellen, wie das wäre, wenn sie immer nur zu Hause hocken würde.«

»Das ist ja das Problem! Dann will sie, dass ich sie herumkutschiere. Und das sehe ich nicht ein. Ich unterstütze das doch nicht!«, brach es aus mir heraus.

Sanne sagte nichts. Musste sie auch nicht. Ich dachte selbst darüber nach, ob ich hart- und kaltherzig war oder klug, nun, klug allein wollte ich auch nicht sein. Warum fiel es mir so schwer, mit meiner Mutter Nachsicht zu üben und mich in sie einzufühlen, gerade Fantasie gehört doch zu meinen Kernkompetenzen. Analytisches Denken aber auch. Ich fragte *Google* um Rat und erfuhr, dass ein Mann ohne Auto sozialdarwinistisch nur ein halber ist. Dem Mann das Auto zu nehmen käme einer Entmannung gleich. Somit wäre dies laut einem Vorstoß der Familienministerin die beste Sanktion gegen Väter, die keinen Unterhalt bezahlen. Staunend las ich, dass Frauen bis 1958 ihre Männer um Erlaubnis fragen mussten, wenn sie den Führerschein machen wollten. Sicher hatte meine Mutter meinen Vater gefragt, auch wenn sie ihre Führerscheinprüfung später, nämlich 1964, bestand. Aber nicht aus Gesetzestreue, sondern weil sie ihn selbst bei Kleinigkeiten immer um Erlaubnis bat. Könnte ich sie so ködern? Papa hat es erlaubt? Aber bedeutet das, dass sie ihm verbieten darf zu fahren? Ohne sie könnte er gar nicht mehr fahren, er würde nirgendwo hinfinden, und das Navi kann er nicht bedienen. Früher hätte er behauptet: Wegen meiner dicken Finger. Heute hat er die Orientierung komplett verloren, und das Schlimmste ist, dass er davon keine Ahnung hat. Vielleicht ist es aber auch eine Gnade.

Frau am Steuer – ungeheuer!

»Seit meine Mutter gestorben ist«, erzählte mir ein Bekannter, »fährt mein Vater allein. Mit dem BMW. Dreihundert PS. Auch im Winter, und bei uns liegt viel Schnee. Hinterradantrieb. Ich habe alles versucht. Ich müsste die Polizei rufen, damit sie ihm den Führerschein wegnehmen. Dann würde er mich enterben und aus dem Haus schmeißen, und es wär ihm egal, wer ihn dann versorgt. Manchmal frage ich mich, ob er ohne seinen BMW überhaupt noch leben wollen würde. Er schleppt sich zum Auto, ich habe ihn auch schon kriechen sehen. Dann fährt er los. Ich steh am Fenster und sage: Tschüss Papa. Ich bin jedes Mal sicher, dass ich ihn nie wiedersehe.«

Wenn meine Mutter meinem Vater Artikel aus der Zeitung vorlas, die sich mit der Frage beschäftigten, ob Senioren den Führerschein abgeben sollten, oder berichteten, dass fünfzig Prozent aller Geisterfahrer auf Autobahnen Senioren seien, lachte er. So was würde ihm bestimmt nicht passieren. Er war eins mit seinem Mercedes. Und klar beherrschte er ihn. Außerdem war es ein Mercedes. Da konnte gar nichts passieren.

Meine Mutter wäre froh gewesen, wenn es einen gesetzlich vorgeschriebenen Fahrtauglichkeitstest für Senioren gegeben hätte. »Da wird man als Ehefrau vom Staat doch völlig alleingelassen«, klagte sie.

Bisher ist der Verkehrsminister gegen eine Fahrtauglichkeitsprüfung, wenngleich ein Großteil der Bevölkerung laut einer Umfrage der *Bild am Sonntag* diesen Test befürwortet.

»Ich bin für regelmäßige Tests bei jungen Männern«, sagte Sanne. »Die fahren wie die Geisteskranken und bauen die meisten Unfälle. Außerdem spielen sie ständig mit ihren Smartphones rum. Und dann noch diese Bumm-Bumm-Beschallung. So was machen die Alten nicht.«

Da hat sie recht. Autounfälle, in die Senioren verwickelt sind, gehen meistens mit Blechschaden glimpflich aus. Nun, sie fahren ja auch langsamer, wenn sie nicht gleich im Schneckentempo kriechen. Eigentlich tun sie genau das Richtige. Unter 50 km/h in Ortschaften – freiwillig. Doch das wird ihnen angekreidet, vor allem wenn sie einen Hut tragen. Alte Herren mit Hut und Frauen am Steuer, so habe ich es in meiner Kindheit gelernt, sind Ungeheuer.

Mein Vater war als treues ADAC-Mitglied im Besitz einer goldenen Clubkarte. Wie weit ging die Sorge des Clubs für seine Senioren? Im Internet fand ich eine Empfehlung: »Ehepartner oder auch die eigenen Kinder und Enkel, die oft mitfahren, sollten den Fahrer darauf hinweisen, wenn ihnen etwas auffällt. Wir appellieren an das private Umfeld, aufmerksam zu sein.« Der ADAC bot zwar Fahrtrainings für Senioren, aber keine Angehörigengruppe für betroffene Beifahrerinnen an, in der sie sich gegenseitig das Herz ausschütten könnten. Ich war ein wenig enttäuscht, dass die tragenden Teile so wenig Unterstützung erfuhren. Ich mutmaßte, ohne vorausschauende Ehefrauen gäbe es deutlich mehr Unfälle im Straßenverkehr zu beklagen. Manchmal gewann ich den Eindruck, ab einem bestimmten Alter gehöre das betreute Fahren, wie es meine Eltern praktizierten, zum Lebenslauf. Der Nachbar meines Schwagers, 92, war praktisch blind. Aber seine Frau sah leidlich gut, und »es geht ja immer nur geradeaus zum Edeka«.

Ich stelle es mir als Erleichterung vor, wenn Ehefrauen sich in einer Angehörigengruppe – die anonymen Beifahrerinnen – einmal ihren Kummer vom Herzen reden könnten. Vor allem würden sie erkennen, dass sie nicht allein sind. Denn jede Frau glaubt, bei ihr sei es ganz besonders schlimm. Das liegt daran, dass diese Generation ein Schweigegelübde abgelegt hat. Man kritisiert seinen Ehemann nicht. In manchen Ehen lässt man sich sogar verprügeln und betrügen, aber das bleibt schön in den eigenen vier Wänden. Hauptsache, die Fassade ist glatt.

Ein Verkehrspsychologe – ich staunte über diese Berufsbezeichnung – erklärte in einem Radiointerview, dass für viele Senioren die Abgabe des Führerscheins gleichbedeutend sei mit dem Einzug ins Altersheim oder der Amputation eines Beines. Ich fragte mich, wie viel mir selbst mein Führerschein bedeutete. Ist es wirklich wahr, dass ich ihn einfach so, vernünftig und einsichtig abgeben könnte? Oder würde ich mich – wie neun von zehn Senioren – als absolut fahrtüchtig einstufen? Ohne Zweifel bin ich das, ich bin ja noch keine Seniorin, und wenn ich mal eine bin, werde ich bestimmt souverän und sicher fahren, so wie jetzt.

Da es bei uns keine Fahrtauglichkeitsprüfungen wie beispielsweise in der Schweiz und in Italien gibt, raten Experten interdisziplinär, die älteren Verkehrsteilnehmer zu beobachten. Besonders deren Kinder seien aufgefordert, in unauffälligen Tests Seh-, Hör- und Reaktionsfähigkeit der Eltern zu überprüfen. Wenn es gar nicht anders gehe, weil der Senior uneinsichtig sei, solle man sich einen Termin beim Hausarzt der Eltern geben lassen und ihn bitten, das Thema anzusprechen. Na, die Frau Dr. Leitmayer würde sich freuen, denke ich in Erinnerung an ihr Wartezimmer, in dem der Altersdurchschnitt knapp unter hundert beträgt. Vor der Praxis parken gediegene Mercedes-Limousinen, chauffiert von senilen Greisen und ihren Lotsinnen, die zum größten Teil im Besitz einer Fahrerlaubnis sind, nein: wären. Aber Deutschland gehört nicht zu jenen Ländern, in denen Ärzte ihre Patienten zum Fahrtest schicken können, beziehungsweise geschieht das nur freiwillig. Rund 3300 ältere Autofahrer haben 2017 sogenannte Feedbackfahrten auf freiwilliger Basis mit Experten der Autoclubs ADAC und ACE durchgeführt. Um den Führerschein muss sich dabei niemand sorgen, der Test hat keine rechtlichen Konsequenzen. Wie viele der Teilnehmer im Anschluss ihre Fahrtüchtigkeit so stark in Frage stellten, dass sie auf öffentliche Verkehrsmittel und Taxen umstiegen, ist nicht bekannt. Fakt ist jedoch, dass ältere Menschen schlechter hören, sehen, reagieren, oft nicht mehr über die Schulter schauen können, und auch Medikamente können die Fahrtüchtigkeit beeinträchtigen. Es kommt immer wieder vor, dass Senioren ihren Führerschein gern abgeben würden, doch sie wissen nicht, wie sie dann mobil bleiben sollen. Auch dafür werden Kurse angeboten, zum Beispiel vom Deutschen Verkehrssicherheitsrat. Hin und wieder sehe ich einen Bus durch mein Dorf fahren. Aber wohin der fährt? Wahrscheinlich zur S-Bahn. Ich habe mich noch nie darum gekümmert, wieso auch, ich fahre ja Auto. Und das sollte meine Mutter ebenfalls tun.

Die Schlüsselfrage

Ich beschloss, mich auf meine Mission Mama mobil zu konzentrieren. Sie erschien mir erfolgversprechender als Papa immobil. Wenn sie nur oft genug führe, würde er hoffentlich erkennen, wie bequem der Beifahrersitz ist. Gut gerüstet mit vielen Argumenten für das Autofahren atmete ich tief durch und fragte meine Mutter bei nächster Gelegenheit in nebensächlichem Ton: »Sag mal Mama, warum bereitet dir das Autofahren eigentlich so viel Unbehagen?«

Ich merkte selbst, dass ich falsch abgebogen war. Sie klang sofort alarmiert. »Ich hab doch gar keine Fahrpraxis!«

»Wann bist du denn das letzte Mal gefahren?«

»Vor ein paar Wochen vielleicht. Als Papa erkältet war. Zum Aldi.«

»Und, wie war das?«

»Normal, also wie immer, warum fragst du, aber das ist ja kein Stadtverkehr, das ist ganz einfach, ich biege vorne links ab und dann immer geradeaus bis zum Kreisverkehr, und dann sehe ich schon das Schild, und die Parkplätze sind groß.«

»Ist es wegen der Orientierung?«

»Ich hab ein Navi. Außerdem kenne ich mich aus.«

»Ist es wegen des Einparkens?«

»Nein, nein, man kann ja so lange rumfahren, bis man eine große Lücke findet.«

»Was ist es dann?«

»Was?«

»Warum willst du nicht Auto fahren?«

»Ich kann Papa das nicht antun.«

»Dass du fährst?«

»Dass wir ihm den Schlüssel wegnehmen.«

»Dann müsstest du fahren.«

»Das geht nicht.«

»Aber du hast doch eben gesagt, dass du beim Aldi warst.«

»Ja, aber da bin ich allein gefahren. Und es war auch nah. Also nur vorne links und dann immer geradeaus.«

»Bis zum Kreisverkehr.«

»Genau. Und er saß nicht neben mir. Wenn er neben mir sitzt, dann werde ich nervös. Er schaut auch immer so. Und dann mache ich Fehler. Und dann schaut er noch schlimmer. Oder er sagt was.«

»Was sagt er denn, wenn er sich nicht auskennt?«

»Rechts vor links. Oder Vorsicht, da kommt einer. Oder dass ich nicht so nah am Randstein fahren soll. Und dann werde ich immer hektischer. Ich kann nicht fahren, wenn er dabei ist.«

»Verstehe. Und allein?«

»Wie, allein?«

»So wie du letzte Woche zum Aldi gefahren bist.«

»Das war nicht letzte Woche. Das ist schon länger her.«

»Also letztes Jahr meinetwegen.« Mein Ton wurde schärfer.

»Nein, so lange liegt das nicht zurück.«

»Mama, warum?«

»Weil ich keine Fahrpraxis habe.«

»Praxis erwirbt man sich.«

»Es war ja nur, weil Papa erkältet war. Jetzt ist er wieder fit.«

»Schön«, sagte ich und wechselte das Thema, bevor mein Kühler rauchte. Sie war ja genauso stur wie mein Vater.

Zum Glück bin ich kein Einzelkind. Ich rief meinen Bruder an und hörte, dass das Thema für ihn durch sei. Er habe seinen Kindern verboten, ins Auto der Großeltern einzusteigen.

»Nur wenn Papa fährt oder auch bei Mama?«, fragte ich.

»Mama fährt ja nicht«, ließ er mich im Brustton der Überzeugung wissen. Auch für ihn war das also ein Gesetz.

»Ich finde, wir sollten das ändern. Sie soll wieder fahren.«

Er platzte laut heraus, als hätte ich einen Witz gemacht.

»Würdest du die Kinder mit Mama fahren lassen?«, fragte ich.

»Das ist eine Frage, die sich nicht stellt«, behauptete er.

»Aber manchmal fährt sie doch!«

»Ja, kann sein.« Ich hörte, dass er nebenbei auf eine Tastatur tippte, und das Pling einer eintreffenden Mail.

»Ich glaube, es ist schlimmer geworden mit Papa«, sagte ich.

»Du, ich muss jetzt los«, sagte er.

Mein Bruder musste immer auslaufen, wenn es um die Demenz meines Vaters ging. Davon wollte er nichts wissen. Bei meiner Mutter dauerte es drei Jahre, bis sie es wahrhaben wollte, konnte. Ich war die Erste, der es auffiel, was ich schwer büßen musste, weil ich den Teufel an die Wand malte. Dabei wollte ich den Feind doch nur dingfest machen, um ihm gut gerüstet begegnen zu können. Frühzeitig erkannt, kann bei diesem Krankheitsbild manche Verschlechterung mit gezielten Maßnahmen verzögert werden.

Ich rief bei einer Fahrschule an und erfuhr, dass es Wiedereinsteiger-Trainings für Senioren, in erster Linie Frauen, gab.

»Und wie hoch ist die Erfolgsquote?«

»Nun«, mein Gesprächspartner räusperte sich. »Eigentlich hoch.«

»Eigentlich?«

»Es kommt leider oft vor, dass wir die Damen zwar fit machen, doch sie können das zu Hause nicht durchsetzen. Am besten ist es, der Mann ist tot, dann haben wir keine Probleme.«

Na, großartig. Ich schlug meiner Mutter trotzdem vor, das Wiedereinsteiger-Training zu besuchen. Vielleicht hätte sie so viel Spaß am Chauffieren, dass sie die Widerstände meines Vaters regelrecht überfuhr.

»In eine Fahrschule! Bei einem fremden Mann! Niemals!« Meine Mutter war empört.

»Es gibt vielleicht auch Fahrlehrerinnen«, versuchte ich es ihr schmackhaft zu machen und konnte mich kein bisschen über diesen ersten feministischen Impuls ihrerseits freuen.

»Nein, das kommt nicht in Frage. Außerdem kann ich fahren.«

»Ja, wunderbar! Dann legst du am besten gleich los.«

»Mir fehlt nur die Fahrpraxis.«

»Okay, dann fährst du mit mir.«

»Aber du hast ja kein Auto mit Automatik. Wir haben doch schon vor vielen Jahren auf Automatik umgestellt. Damit kennst du dich gar nicht aus.«

Sollte ich jetzt lachen oder weinen?

Ich sehe was, was du nicht siehst

Geduld gehört nicht zu meinen Stärken. Ich versuche Probleme so schnell wie möglich zu lösen, anstatt sie zu zelebrieren. Das ist auch ein Grund dafür, dass ich mich mit meiner Mutter so oft missverstanden habe. Wenn es ein Problem gibt, möchte sie es ausführlich besprechen, gern auch ein wenig beklagen, und geht daraus gestärkt hervor. Ich bevorzuge Gespräche, die mir eine neue Perspektive eröffnen. Kurz gesagt: Meine Mutter ist problem-, ich bin lösungsorientiert. Und dieses Problem ist unlösbar.

In mehreren Telefonaten zum Thema Mobilität zeigte ich mich von meiner schlimmsten Seite. Danach tat es mir leid. Und doch stand ich inhaltlich voll und ganz dazu. Ich sagte: »Wenn du nicht Auto fährst, werde ich dich nicht durch die Gegend kutschieren. Zu keinem Arzt, zu keinem Aldi, nirgendwohin. Du wirst dann von morgens bis abends zu Hause hocken. Ist es das, was du willst? Du hast ein Auto, du hast einen Führerschein; wenn du deine Möglichkeiten nicht nutzt, werde ich dir nicht helfen. Je mehr Zeit du verstreichen lässt, desto schwieriger wird es. Auf mich kannst du nicht zählen, wenn du dich weiter sträubst.«

Redet man so mit seiner Mutter? Oder nicht eher mit einem Kind? Nein, auch nicht. Ich fühlte mich schlecht, aber ich konnte nicht aus meiner Haut, wie meine Mutter nicht aus ihrer konnte. Es kam mir vor, als wären die Rollen vertauscht. Meine Mutter war mein Kind, und ich sagte oder dachte die Sätze zu ihr, die sie früher zu mir gesagt hatte: Wer nicht hören will, muss fühlen. Was Hänschen nicht lernt, lernt Hans nimmermehr. Ohne Fleiß kein Preis. Übung macht den Meister. Jeder ist seines Glückes Schmied. Ich sah Konsequenzen, die sie nicht erkennen konnte oder wollte. Wann würde der Teppich, unter den alles gekehrt wurde, auffliegen? Aber das fragte ich mich seit Jahren, eigentlich seit Jahrzehnten. Meine Mutter benahm sich oft, als sei sie das Mündel meines Vaters. Liegt es an der Frauenrolle, die sie spielt, oder am Altersunterschied, dass sie nie richtig erwachsen geworden ist? Manchmal kam es mir so vor, als sei ihre Entwicklung in einigen Bereichen stehengeblieben. Oder war das eine respektlose Unterstellung, war ihr Verhalten völlig normal bei ihrer Vorgeschichte in dieser Altersgruppe? Wie konnte ich sie fördern und fordern, ohne Grenzen zu übertreten, ihre individuellen Möglichkeiten zu missachten? Ich stellte mir dieselben Fragen, mit denen sich Mütter in Bezug auf ihre Kinder beschäftigen.

»Das ist doch alles völlig verrückt«, sagte ich zu Sanne, doch sie meinte, verrückt wäre heute normal. »Schau dir die jungen Mütter an, die sind stolz darauf, wenn sie für Schwestern ihrer Töchter gehalten werden.«

»Und wer ist dann noch Mutter?«, fragte ich.

»Vielleicht die Omas«, überlegte Sanne. »Du weißt doch: Das alte Sechzig ist das neue Vierzig.« Sie musterte mich prüfend. »Oder bist du sauer, weil sich deine Mutter verdünnisiert, womit sie ihrer Rolle nicht gerecht wird, weil du sie bemuttern musst?«

»Bestimmt nicht!«, rief ich. »Ich brauch keine Mutter. Ich bin erwachsen!«

»Von Mutter kann man nie genug kriegen«, behauptete Sanne. Ich hätte gern widersprochen, doch ich weiß, mit welchem Wort auf allen Schlachtfeldern der Welt gestorben wird. Mutter ist nicht nur eine Rolle, Mutter ist der Nabel der Welt, Heimat; wenngleich sie nicht in Person der leiblichen Mutter erscheinen muss. Aber schön ist es schon, wenn man eine Mutter hat, die einem Suppe für die Seele kocht, und dann ist alles wieder gut.

Meine Mutter heiratete mit achtzehn und zog vom Elternhaus in die eheliche Wohnung. Sie war neunzehn, als ich zur Welt kam, mein Vater einunddreißig. Mit fünfzehn hatte sie sich in ihn verliebt. Es war immer einer da, der ihr die Verantwortung abnahm, der die Entscheidungen traf. Erst ihre Eltern, dann ihr Ehemann, darauf hatte sie in all den Jahrzehnten gebaut. Doch nun konnte sie ihren Mann nicht mehr fragen. Ihr großer starker Mann wurde mehr und mehr zu ihrem Schutzbefohlenen, der sich noch dazu bar jeder Einsicht weiterhin für einen großen starken Mann hielt. Der selbstverständlich das Steuer fest in der Hand hatte. Was würde er wohl sagen, wenn sie ihn fragte, ob sie vom Beifahrer- auf den Fahrersitz wechseln dürfte? Das Wort dürfen, Dreh- und Angelpunkt ihrer Kommunikation, sollte sie als Erstes streichen. Sie musste stärker sein, als sie konnte, um ihm den Schlüssel wegzunehmen und selbst zu fahren. Nach einem Jahr im verbalen Kreisverkehr stand ich kurz davor, aufzugeben. Ich wusste mir keinen Rat mehr. Natürlich hätte ich die Polizei informieren können, natürlich hätte man meinem Vater den Führerschein wegnehmen können. Doch das hätte meine Mutter ausbaden müssen. Und ob sie dann selbst gefahren wäre? Davon abgesehen hätte er wahrscheinlich vergessen, dass er keinen Führerschein mehr besaß, und wäre weitergefahren.

Aber dann geschah ein Wunder.

Mama gibt Gas

Ich arbeite nicht nur als Autorin, sondern auch als Ghostwriterin und schreibe Bücher für berühmte Persönlichkeiten, Popstars, Professoren und Polizisten, Menschen mit interessanten Berufen wie Feuerwehrleute, Engelmedien, Tatortreiniger. Ein Verlag fragte mich, ob ich ein Buch mit Marika Kilius schreiben wollte. Aber natürlich! Der Name war mir ein Begriff, wenngleich das Eislaufpaar Kilius–Bäumler bereits vor meiner Geburt berühmt war. Meine Mutter hatte mir einmal erzählt, dass englische Königshochzeiten vergleichbar mit der Hochzeit von Marika Kilius waren, zu ihrer Zeit ein Weltstar. In einer Kutsche fuhr sie als Braut durch Frankfurt, und es waren Hunderttausende Menschen auf den Beinen, in Schwarzweiß. Meine Mutter geriet völlig aus dem Häuschen, als ich ihr von meinem neuen Auftrag erzählte.

»Morgen ist Frau Kilius bei mir, komm doch vorbei«, lud ich sie ein.

»Aber das geht nicht. Wie soll ich denn zu dir kommen?«

Ich schwieg.

»Also gut, Papa fährt mich, und ich tue so, als müsste ich bei dir dringend etwas abgeben. Was könnte das denn sein … ein Glas Marmelade vielleicht …« Sie klang hilflos.

»Du kannst auch einfach Hallo sagen.«

»Nein, das wäre zu auffällig.«

»Bring die Festplatte mit, die du für mich aufbewahrst.«

»Ja!«, rief sie. »Das ist gut. Das ist viel besser als Marmelade, das ist wirklich wichtig!«

Meine Eltern klingelten am Nachmittag. Beide hatten sich schick gemacht, ich war gerührt. Frau Kilius reichte ihnen die Hand, meine Mutter entschuldigte sich wortreich für die Störung, sie hätte ihrer Tochter dringend die Festplatte bringen müssen, dann hielt sie sich am Arm meines Vaters fest, und die beiden fuhren wieder nach Hause. Marika Kilius! Bei ihrer Tochter!

Als Frau Kilius mir im Verlauf unseres Gesprächs von den Filmen erzählte, in denen sie Anfang der 1960er-Jahre mitgewirkt hatte, wollte ich sie natürlich sehen. Wir verabredeten einen Filmabend bei mir, und die ehemalige Eisprinzessin hatte nichts dagegen, meine Mutter dazu einzuladen.

Die konnte es nicht fassen. »Was? Wo? Wann? Wirklich?«

»Ja, bei mir, ganz gemütlich, kein Stress, auf dem Sofa mit Salzstangen. Morgen Abend. Kommst du?«

»Ja aber, nein, also … wirklich? Und ich störe nicht? Hast du sie gefragt? Geht das denn wirklich? Aber wie soll ich denn … Wie soll ich denn da hinkommen? Wenn Papa mich bringt, das geht schon. Aber wie komme ich wieder heim? Wenn es dunkel ist. Und ob er allein von uns zu dir zurückfahren kann? Dableiben kann er nicht, das wäre nichts für ihn. Solche Filme schaut er nicht an. Du kennst ihn ja. Immer nur Dokumentationen. Schon gar keine Liebesfilme. Nein, das geht nicht. Selbst wenn er mich fährt, er findet doch nicht mehr nach Hause.«

Kurz überlegte ich, ob ich meinen Bruder bitten sollte, sie zu bringen. Das hatte sie selbst schon überlegt – aber er schipperte in der Karibik herum, und meine Schwägerin war bei einer Fortbildung. Eigentlich hatte ich das Thema nicht mehr ansprechen wollen. Doch nun probierte ich es ein allerletztes Mal: »Und wenn du allein fährst?«

»Ich? Allein? Nachts? Niemals!«

»Okay, dann eben nicht.« Ich regte mich nicht auf, ich versuchte nicht, sie zu überreden, ich hatte keine Lust mehr. Jeder ist seines Glückes Schmied.

Doch diesmal war es nicht so leicht für meine Mutter. Es gärte in ihr. Sie war ein Fan von Marika Kilius gewesen, hatte die Eisprinzessin wie so viele andere junge Mädchen ihrer Zeit glühend bewundert. Niemals hätte sie geglaubt, dass sie sie kennenlernen könnte. Noch dazu auf dem Sofa ihrer Tochter. Sie rief noch dreimal an und erkundigte sich, ob Frau Kilius wirklich nichts dagegen habe, wenn sie dabei sei, welche Filme das überhaupt seien, aha, ja, da spielte Peter Kraus mit, natürlich kannte sie die Filme, sie hatte sie lange nicht mehr gesehen.

»Peter Kraus, das ist der mit dem Lied Diana?«, fragte ich.

Meine Mutter seufzte. Es kam mir so schmachtend vor, wie Peter Kraus sang. *Oh bleib, bleib bei mir, Diana!*

»Bestimmt hat Marika Kilius den Peter Kraus gut gekannt«, warf ich einen letzten Köder.

»Ja, bestimmt«, sagte meine Mutter. Es klang traurig. Dann legte sie auf.

Als ich am Nachmittag mit dem Hund spazieren ging, fühlte ich mich einfach nur schlecht. Wieso war ich so gemein zu meiner Mutter? Es bedeutete ihr doch so viel. Und sie erlebte so wenig, eingesperrt mit meinem zunehmend vergesslichen Vater. Mit ihm konnte sie sich immer weniger austauschen. Ihre Welt war so klein geworden, und ich besaß an diesem Tag den Schlüssel zu einer großen schillernden Welt. Ich beschloss, eine Ausnahme zu machen. Ich würde sie abholen und nachts nach Hause fahren. Doch dann gab es eine kurzfristige Terminänderung, und Frau Kilius kam eine Stunde früher. Ich überlegte gerade, ob ich sie bitten konnte, bei mir zu warten, bis ich meine Mutter geholt hatte, da klingelte es, und meine Mutter stand strahlend vor der Tür.

War sie geflogen?

Nein, Papa hatte sie gefahren.

»Und wie kommt er zurück? Du hast doch gesagt, er findet nicht heim.«

»Ich habe ihn gebeten anzurufen, wenn er angekommen ist.«

Das vergaß er wohl auf dem Weg nach Hause, aber er kam sicher an, wie meine Mutter nach einem Anruf erleichtert kundtat. Damit sie den Abend wirklich genießen konnte, versprach ich ihr, sie später nach Hause zu bringen.

»Ich kann mir auch ein Taxi rufen.«

Entgeistert starrte ich sie an. Meine sparsame Mutter?

»Das kommt nicht in Frage«, lehnte ich ab. »Ich fahr dich heim.«

Zwischen den beiden im gleichen Jahr geborenen Damen fühlte ich mich wie ein Küken. Es war ein lustiger, harmonischer Abend, der mich auch beeindruckte. Wie verschieden Leben verlaufen können! Auf der einen Seite meine Mutter, die sich im ersten Lehrjahr in meinen Vater verliebte, ihn mit achtzehn heiratete, mit neunzehn ihr erstes Kind bekam, zu Hause blieb, ein zweites Kind bekam, zu Hause blieb, schließlich halbtags im Büro arbeitete, alle eigenen Interessen zurückstellte für die Familie, nie allein verreiste oder eben Entscheidungen traf wie Frau Kilius. Die war auch mit keinem goldenen Löffel im Mund geboren, sondern hatte eine harte Kindheit voller Entbehrungen und Training gemeistert. Aber dann hatte sie ihr eigenes Leben geführt – und trotzdem, wie meine Mutter, eine Tochter und einen Sohn geboren. Beide waren sie auch zweifache Großmütter, das gab zusätzlichen Gesprächsstoff. Kurz vor Schluss zeigte meine Mutter ihre Fotos der Enkelkinder, und Frau Kilius betrachtete sie aufmerksam und interessiert und gratulierte ihr herzlich. Sah der Kleinere der beiden meiner Mutter nicht sogar ein wenig ähnlich? Doch, da bestand kein Zweifel! Die roten Backen meiner Mutter glühten. In meinem Hals steckte ein Kloß.

»Wie kommen Sie denn jetzt nach Hause oder bleiben Sie über Nacht?«, fragte Frau Kilius meine Mutter.

Sie warf mir einen hilflosen Blick zu. Ich merkte, dass es ihr peinlich war, so unselbstständig zu sein, dass ihre Tochter sie nach Hause fahren würde.

»Ich bin noch recht munter«, meinte die aufmerksame Beobachterin Marika Kilius. »Und Sie wohnen nur zwanzig Minuten entfernt, richtig? Ich fahre Sie geschwind nach Hause und danach in mein Hotel.«

Meine Mutter starrte sie perplex an und lehnte dann stotternd ab. »Aber nein, machen Sie sich doch keine Umstände.«

»Doch«, sagte Frau Kilius. Sie fuhr sehr gern Auto, wie ich wusste, und auch viel, war ständig unterwegs.

Und dann sagte sie zu meiner Mutter: »Wissen Sie, Autofahren ist sehr wichtig. Es macht einen unabhängig, gerade im Alter darf man darauf nicht verzichten. Autofahren bedeutet Freiheit.«

»Aber das weiß ich doch!«, rief meine Mutter, und als müsste sie sich rechtfertigen, erzählte sie, wie sehr sie vor über fünfzig Jahren für den Führerschein gekämpft hatte: »Ich war Anfang zwanzig, und mein Mann meinte, ich brauche keinen Führerschein. Ich wollte aber unbedingt einen. Zu teuer, sagte mein Mann. Außerdem hatten wir damals ja noch gar kein Auto, also nur den Dienstwagen meines Mannes, und mit dem durfte ich nicht fahren. Eines Tages lernte mein Mann den Besitzer einer Fahrschule kennen. Mein Mann war immer ein Anhänger des Tauschhandels. Ich weiß nicht mehr, was er angeboten hat, jedenfalls bekam ich die Fahrstunde für zwölf statt vierzehn Mark und sechzig statt fünfundvierzig Minuten. Wobei wir diese fünfzehn Extraminuten meistens in einer Konditorei verbrachten, wo der Fahrlehrer drei Tassen Kaffee in sich hineinschüttete, während er mir sein Herz über all die schrecklichen Fahrschüler ausschüttete.«

Frau Kilius lachte. Ich lachte zum Schein mit, war nun aber selbst perplex. Diese Geschichte hatte ich noch nie gehört. Meine Mutter hatte für ihren Führerschein gekämpft? Ich dachte, Papa wollte, dass sie ihn machte, damit er flüssiger feiern konnte, wenn sie mal ausgingen.

Meine Mutter kam nun richtig in Fahrt: »Mir fehlte die Fahrpraxis, solange wir keinen eigenen Wagen hatten. Was mir aber ganz recht war, weil ich mit dem Zwischengas beim Dienstwagen meines Mannes nicht zurechtkam.«

Frau Kilius nickte fachfraulich.

»Zwischengas?«, fragte ich.

»Ja, das war damals so«, erklärte meine Mutter mir souverän. »Die Gänge waren ja nicht synchronisiert. Da musste man bei jedem Schaltvorgang in den Leerlauf und dann etwas Gas geben. Wie viel, wäre eine Sache des Gefühls, und das richtige Gefühl hätten nur Männer, von Natur aus, hieß es.«

Marika amüsierte sich, nickte zustimmend und ich auch, aber nicht, weil ich mich erinnerte, sondern weil ich mich schämte. Ich hätte meiner Mutter jegliches technische Verständnis abgesprochen, und nun fuhr sie mit Zwischengas durch die 60er-Jahre, obwohl das doch auf einem Y-Chromosom beheimatet zu sein schien.

»Dann hatten wir bald unser eigenes Auto, und das funktionierte ohne Zwischengas. Aber oft bin ich nicht gefahren.«

»Na, dann haben Sie ja jetzt Gelegenheit, das nachzuholen«, stellte Frau Kilius fest und trieb meine Mutter zur Eile an: »Kommen Sie, ich fahre Sie nach Hause. Oder wollen Sie ans Steuer?« Sie kicherten beide, und ich hörte ihre fröhliche Stimmung noch, als ich die Tür hinter ihnen geschlossen hatte.

Die Todesspirale

Zwei Tage später fuhr meine Mutter zum ersten Mal ohne meinen Vater zu mir. Ihre Augen funkelten, als sie ankam. »Es ist ganz einfach! Links und dann immer geradeaus, an der Ampel wieder links und nochmal links und immer geradeaus, und schon bin ich da. Ich brauche gar kein Navi, den Weg kenne ich. Und beim Heimfahren halte ich noch schnell beim Aldi.«

Stocksteif stand ich im Flur. Wieso war alles plötzlich so einfach? Und wieso konnte ich sie nicht in den Arm nehmen und mal feste drücken? Ich sagte. »Na siehst du, ist doch ganz leicht.« Ich brauchte erst ein Telefonat mit Sanne, ehe ich ihr eine Mail schreiben konnte, dass ich stolz auf sie sei. Vielleicht war ich auch in meiner Eitelkeit gekränkt, dabei ist es doch logisch, dass ich nicht gegen einen Weltstar konkurrieren kann, der einer Todesspirale die kalte Schulter zeigte.

Warum fiel es mir so schwer, mich in meine Mutter hineinzuversetzen? Einfühlungsvermögen gehört zu meinen wichtigsten Eigenschaften, als Ghostwriterin habe ich mich in so viele Menschen und Geschichten hineinversetzt – warum scheiterte ich bei meiner eigenen Mutter? Nun, das kennt man ja. Zu nahestehenden Menschen ist man manchmal leider am ungerechtesten und misslaunigsten. Vielleicht würde es helfen, meine Mutter wie einen fremden Menschen zu behandeln, um ihr dadurch näherzukommen? Und sicher würde es helfen, den Trugschluss aufzugeben, ich wüsste schon alles. Ich gehöre zu einer anderen Generation, ich kann gar nicht wissen, welche Prägungen meine Mutter erfuhr.

Zu dieser Erkenntnis verhalf mir der Fernsehmoderator Frank Elsner in einem Youtube-Film. Ich kenne ihn seit meiner Kindheit und *Wetten, dass..?*, seinerzeit Samstagabend-Events für die ganze Familie, als man sich ab dem Frühstück auf den

Abend freute, wenn Winnetou, Tarzan, Rudi Carrell mit dem Laufenden Band oder eben *Wetten, dass..?* ausgestrahlt wurde und wir Kinder, frisch gebadet und im Frotteeschlafanzug, aufbleiben durften. Ich erinnere mich auch an den, heute würde man sagen Clip namens »Der 7. Sinn«, in dem gefährliche Situationen im Straßenverkehr nachgestellt wurden, um die Bevölkerung zu mehr Achtsamkeit zu erziehen. Das hatte damals noch nichts mit Spiritualität zu tun, eher mit weniger Spiritus. Frank Elstner präsentierte drei Minuten Verkehrserziehung aus dem Jahr 1975 zum Thema Frau am Steuer (https://www.youtube.com/watch?v=odcrQ4PpPto).

Busen im Verkehr

Eine Frau im Look der 1970er-Jahre sitzt in einem Auto, eine männliche Stimme klärt aus dem Off auf: »Es gibt falsche Verhaltensweisen, die besonders häufig bei Frauen beobachtet werden, zum Beispiel Nichtbeachten der Vorfahrt.«

Gezeigt wird ein Beinahe-Unfall.

»Und das leidige Anfahren an einer Steigung.«

Eine Frau verursacht einen Auffahrunfall, weil ihr Wagen zurückrollt.

»Frauen fahren meist vorsichtiger als Männer, weil ihnen die Übung fehlt. Sie behindern dann den fließenden Verkehr. Viele Frauen scheuen das Anlegen des Sicherheitsgurtes, weil sie Angst um ihren Busen haben. Diese Sorge ist unnötig, sagen Mediziner, wenn der Gurt richtig sitzt.«

So etwas wurde im öffentlich-rechtlichen Fernsehen behauptet! Von einer seriösen Sprecherstimme! In dieser Zeit, die kein Fake ist, wenngleich sie eins zu eins als Kabarettstückchen übernommen werden könnte, fuhr meine Mutter Auto. Und ich wuchs in meine Pubertät hinein, und der Bildungsauftrag der öffentlich-rechtlichen Rundfunkanstalt widmete sich meinem Busen, der sich noch gar nicht abzeichnete? Womöglich würde er mich bei Rechtskurven behindern, oder waren es die Linkskurven, oder brachte ich das alles, wen mag es wundern, durcheinander, rechts und links und überhaupt Technik, denn:

»Es gibt Fahrmanöver, mit denen *sie* schlechter zurechtkommt als *er*. Obwohl man gelernt hat, dass man vorwärts nicht in eine enge Parklücke kommt, versuchen Frauen es immer wieder und geben schließlich auf. Das liegt einmal an der zu geringen Kilometerleistung dieser Damen und zum anderen an der Hilflosigkeit gegenüber der Technik. Immer wieder in Sorge, ihr Auto zu beschädigen, nutzen sie beim Einparken den vollen Lenkradeinschlag nicht aus.«

Am Ende der Aufklärung über die Minderbegabung dieser Damen erfolgt die Freisprechung, nämlich die anatomische Erklärung, warum Frauen rein physisch gar nicht in der Lage seien, ein Auto zu chauffieren:

»Auch bereitet es den Damen große Schwierigkeiten, über ihre rechte Schulter nach hinten zu schauen und gleichzeitig das Lenkrad nach links einzuschlagen.«

Sie wurden ermahnt: »Falls Sie den Rückspiegel einmal als Make-up-Spiegel benutzt haben, so vergessen Sie nicht, ihn vor Fahrtantritt wieder richtig einzustellen.«

Auf einmal sah ich meine Mutter mit völlig anderen Augen. Obwohl sie weder psychisch noch physisch noch mental noch von der Beschaffenheit ihrer Brüste und Schultern die allergeringste Eignung hatte, zog sie die Führerscheinprüfung durch, gegen den Willen und zum Gespött einer überheblichen Männergesellschaft. Mama! Ich bin stolz auf dich! Und was ich ganz sicher weiß: Wenn du mit einer Panne liegengeblieben wärest, hättest du dich regelkonform verhalten, wie es der Clip rät: »Die meisten Frauen haben für die Technik des Autos keine

Antennen. Bei Pannen können sie aber durch Öffnen der Motorhaube anzeigen, dass sie technische Hilfe brauchen. Dieses Zeichen wird verstanden.«

Wie sich die Zeiten geändert haben! Nach einigen Jahren, in denen Frauen nicht nur hilfsbedürftig mit der Motorhaube wedelten, sondern selbst Erste Hilfe leisteten, öffnen heute auch Männer die Motorhaube nicht mehr. An den modernen Autos kann man kaum mehr heldenhaft herumschrauben, mein Gelber-Engel-Nachbar hat mir erzählt, dass viele Männer heute nicht mal wissen, wie die Motorhaube zu öffnen ist. Den Ölstand überprüft der Bordcomputer. Übrigens nutzen auch Männer den Trick mit der Hilflosigkeit. Neulich hörte ich den bekannten Liedermacher Konstantin Wecker im Radio von seinen Erfahrungen beim Zelten erzählen: Er habe beim Camping nie sein Zelt selbst aufgeschlagen, er habe sich einfach hilflos danebengestellt, irgendjemand habe ihm dann immer geholfen.

Der Siebte-Sinn-Clip ist sehenswert, besonders das Ende, ich möchte es hier nicht verraten. Jeder wird danach verstehen, dass Frauen, die in den 1960er- und 1970er-Jahren am Steuer eines Autos saßen, Pionierinnen waren. Ach was, Heldinnen! So sollte ich meine Mutter behandeln, nicht wie eine Versagerin. Ich sollte an ihre Heldinnenqualitäten appellieren: Mama! Du hast es damals geschafft, dich gegen die breite Masse der von Vorurteilen benebelten Männer durchzusetzen. Du wirst es auch heute schaffen!

Doch leider war das nur die Hälfte des Problems. Denn wenn Mama wieder fahrtüchtig war, würde Papa ja trotzdem fahren wollen. Wie also konnte sie Papas Gasfuß stilllegen? Wie sollte sie sich ihm gegenüber durchsetzen, wenn sein Stirnrunzeln sie bereits aus der Spur brachte? Auf sein Einsehen brauchte sie nicht zu hoffen, denn Papa hielt sich ja für fahrtüchtig. Und sein Gedächtnis war laut seiner Einschätzung tadellos wie alles andere auch.

»Selbst wenn ich ihm sagen könnte, dass er ein bisschen vergesslich ist«, sagte meine Mutter und umschrieb den Begriff »dement« auf ihre ganz eigene Weise, »entgleitet ihm das doch gleich wieder. Ich muss jeden Tag von Neuem bei null anfangen.«

Ich fing immerhin nicht bei null an und schluckte die Bemerkung hinunter, dass sie dann wohl das Auto verkaufen müsste. Was ihr hinter seinem Rücken auch niemals gelänge. Stattdessen nickte ich kummervoll, wenn auch aus anderen Gründen, und versuchte herauszufinden, wie ich sie unterstützen könnte, wenn ich selbst die eingefahrenen Wege verließ und meine frisch gewonnenen Erkenntnisse beherzigte: Meine Mutter wird genauso wenig auf mich hören, wie ich früher auf sie hörte.

Rat nimmt man am einfachsten von Gleichaltrigen an. Ich mache es mir leichter, wenn es mir gelingt, mich in meine Mutter hineinzuversetzen. Und vor allem: Ich mache es ihr leichter, wenn ich sie nicht mit ihrem Scheitern konfrontiere, sondern sie an ihre Erfolge erinnere. Und bin ich nicht ein Teil ihrer Erfolgsgeschichte? »Mit mir hast du einen Ratschlagroboter auf die Welt gebracht.«

Hatte sie mich wirklich nicht verstanden oder neckte sie mich?

»Na, dann schlag mal ein Rad«, sagte sie.

»Das kann ich nicht«, sagte ich.

»Übung macht den Meister«, grinste sie.

Mama von der Rolle

Der Platz des Mannes ist am Steuer. Er lenkt die Geschicke der Familie, er sitzt an der Stirnseite des Tisches, er hat das Ruder in der Hand, bestimmt das Tempo. Bei meinem Vater gab es, was Gefährte betraf, nur eine Ausnahme. Wie die meisten Väter in den 1960er-Jahren wäre er nie, nie, niemals auf die Idee gekommen, einen Kinderwagen zu schieben. Er hätte laut gelacht, wenn ihm das jemand zugemutet hätte. Das ist bis heute so tief in ihm verwurzelt wie sein Hochzeitstag, der Geburtstag seiner Frau, Muttertag. Obwohl er die Orientierung in der Zeit verloren hat, vergisst er diese Feiertage nicht.

Zum Geburtstag meiner Mutter wollte er unbedingt ein Geschenk kaufen. Sie befürchtete, er würde heimlich das Haus verlassen und nicht mehr zurückfinden, und begleitete ihn zum Drogeriemarkt. Mein Vater rannte fast, so dringend war es ihm mit dem Geschenk. Im Geschäft suchte meine Mutter sich ein rosa Kosmetiktäschchen aus, das sie im Geiste bereits an mich weitervererbte, weil ihr partout nichts einfiel, was sie sich wünschen könnte.

»Das ist für meine Frau«, erklärte mein Vater an der Kasse. »Sie hat heute Geburtstag.« Die Kassiererin drückte es ihm in die Hand. Er ließ es fallen. Nein, das war kein Versehen, das war rosa. Welcher Mann würde mit einem rosa Täschchen nach Hause laufen? Es gibt Dinge, die gehören sich einfach nicht. Wie auch, dass Mann seine Frau ans Steuer lässt, wenn Mann fahrtüchtig ist. Die Frau fährt, wenn man gefeiert hat. Oder wenn sie allein einkaufen muss, ein Kind abholen, irgend so ein

Gedöns zu erledigen hat. Wenn Mann und Frau ein Auto gemeinsam nutzen, fährt der Mann. Amen.

Wenn ich allein unterwegs bin, fahre ich. Wenn ich mit meinem Mann in einem Auto sitze, fährt er. Und zwar nicht nur in seinem Auto, auch in meinem. Nicht immer, geschätzt bei der Hälfte der Fahrten. Es gibt auch bei uns eine rosa Zone. So käme es mir nicht in den Sinn, beim Getränkemarkt einzukaufen. Die Wasser- und Saftkästen holt Johannes. Und natürlich ist er für den Recyclinghof und den Fuhrpark zuständig. Auch fürs Fensterputzen, wie mein Vater. Ferner erledigt er alle Reparaturen rund um Haus und Garten, und wenn das Wetter so scheußlich ist, dass kein Hund vor die Tür will, übernimmt er das Gassigehen. Im Gegensatz zu meinem Vater ist er jedoch upgedatet. Er kocht auch – das käme meinem Vater niemals in den Sinn – und interessiert sich für Gedöns, praktiziert Yoga und kann Kuchen zum Niederknien backen. Rollen schaffen Sicherheit. Unsere Arbeitsteilung schenkt mir vielleicht sogar Geborgenheit. Doch ich bin mir sehr bewusst darüber, dass sie nur geliehen ist und dass alles ganz schnell vorbei sein kann.

In meinen zwanziger Jahren war es für viele meiner Freundinnen erstrebenswert, ihre Umzüge selbst zu wuppen, Regale zusammenzubauen, mit Bohrmaschinen zu hantieren. Ich entwickelte keinen Ehrgeiz, so etwas zu lernen. Ich brauchte keine Schlagbohrmaschine, und ich musste nicht wissen, wie man einen Reifen wechselt. Ich setzte am Ursprung an. Ich brauchte einfach einen Mann, der das alles für mich erledigte. Damit brachte ich einige meiner Freundinnen zur Verzweiflung: Du machst dich abhängig! Das passt überhaupt nicht zu dir!

Ja, das mochte schon sein, aber als Tochter meiner Mutter war ich das gewohnt und außerdem: Wenn ich alles selbst konnte, wenn ich prima allein zurechtkam, womit sollte dann ein Mann an meiner Seite glänzen? Mein Vater war Handwerker, das hat mich geprägt. Männer, in die ich mich verliebte, mussten mit Werkzeug im Zweifelsfall geschickter hantieren als mit Besteck, und sie mussten mich vor dem Säbelzahntiger beschützen, wie ich es bei meinem Rollenvorbild abschaute. Meine Mutter war schön und schlank, charmant und hilflos. Ein bisschen Marilyn Monroe, ein bisschen Elizabeth Taylor, ein bisschen Doris Day – eine Frau ihrer Zeit. Zu meiner Zeit sprühten es Frauen an jede Wand: Neue Männer braucht das Land. Nina Hagen erklärte im Club Ö2, wie Frauen sich sexuell stimulieren sollten, und ich trug nicht nur Hosen, sie waren auch noch aus Leder, schließlich fuhr ich Motorrad. Aber selbst reparieren wollte ich es nicht. Gibt es etwas Erotischeres als einen Mann mit apfelrundem Bizeps und ölbenetzten Fingern? Einen Mann mit Schlagbohrmaschine und Kettensäge an V-förmigem Oberkörper? Natürlich hätte ich selbst Löcher bohren können, wenn ich gewollt hätte, aber ich wollte eben nicht. Ich wollte meinen Freund bewundern – der Glitzerlack auf der Erotik. Meine Mutter, so meinte ich, könnte nicht, selbst wenn sie wollte. Sie hatte ja auch schmale Schultern. Meine waren breit. »Wie bei einem Preisboxer«, lobte mein Vater in meiner Kindheit und machte mich stolz. Er brachte mir angedeutete Kinnhaken und Deckung bei, bis meine Mutter mahnte: »Nicht so wild!« Wild genug konnte es mir gar nicht sein. Ich wollte mich von ihr unterscheiden. Ich wollte sein wie Papa und später einen Freund, der alles machte wie er, und nach einigen Irrungen und Wirrungen fand ich meinen Traummann, einen wahren Helden, den feministischen Handwerker, der mit starkem Bizeps ein rosafarbenes Täschchen aus dem Drogeriemarkt trägt.

Männer mähen

Ich sitze im Arbeitszimmer und schreibe kritisch über die Rollen von Ehepaaren, und Johannes läuft von links nach rechts durch das vom Fenster gerahmte Bild und mäht den Rasen. Ich habe keine Ahnung, wie dieser Rasenmäher funktioniert, tippe allerdings auf Strom wegen des Kabels. Noch nie in meinem Leben habe ich den Rasen gemäht, das gehört in die Abteilung Recyclinghof, schließlich wird das Gras später dort abgegeben. Und doch müsste ich mähen, wenn sich mein Mann beispielsweise das Bein brechen würde. Oder Schlimmeres. Ich könnte, wenn ich müsste, aber ich will nicht. Und wenn ich es können müsste, weil es keine andere Möglichkeit gäbe, wäre das unendlich schmerzhaft.

Ich weiß, wie sich ein solcher Verlust anfühlt. Mit Anfang dreißig habe ich meinen damaligen Lebensgefährten durch einen Unfall verloren. Wenn ich heute an diese dunkelste Zeit meines Lebens zurückdenke, fallen mir vor allem die Momente ein, in denen mir sein Wegsein am schmerzlichsten bewusst wurde: wenn ich etwas erledigte, was traditionell er getan hatte. Einige Tage nach Leanders plötzlichem Tod funktionierte die Kühltruhe nicht mehr. Fassungslos starrte ich auf den Speisebrei am Fußboden. In diesem Moment begriff ich in einer herzzerreißenden Brutalität, was es bedeutete, allein zu sein. Nichts würde geschehen, wenn ich riefe: »Leander! Schau mal, ich glaube die Kühltruhe hat den Geist aufgegeben. So eine Sauerei!«

Leander war fort. Für immer. Er würde sich nie mehr um die Kühltruhe kümmern, ebenso wenig wie um den ganzen großen Rest. Ich war allein. Leanderseelenallein. Meine Geborgenheit in unserer Zweisamkeit, das gemeinsame Werkeln am Glück, ich den Papierkram, er die Elektrik. Vorbei. Für immer. Ich war dreiunddreißig Jahre alt, und die defekte Kühltruhe brachte das Fass meiner Verzweiflung mit dem letzten aufgetauten Tropfen zum

Überlaufen. Ich wollte tot sein. Unser Nest war zu einem riesengroßen feindlichen Gebiet geworden. Ich sah nur Dinge, von denen ich keine Ahnung hatte. Wo war der Sicherungskasten? Wie funktionierte die Heizung? In meiner Single-Wohnung hatte ich mich ausgekannt, doch hier als Teil eines Ganzen war ich lebensunfähig ohne die andere Hälfte. Ich fühlte mich nicht mehr wie eine erwachsene Frau, eher wie ein Kind. Ausgesetzt am Hauptbahnhof einer osteuropäischen Großstadt, vielleicht Bukarest. …

Ging es meiner Mutter genauso? Könnte ich sie dort treffen? Mein Vater lebte, aber sie hatte ihren Partner verloren. Wenn sie ihm etwas erzählte, vergaß er es schnell. Er, der sich früher für so vieles interessiert hatte, außer für rosafarbenes Gedöns, blieb nun am liebsten zu Hause. Nicht einmal spazieren gehen wollte er. Er saß auf seinem Platz an der Stirnseite des Tisches, las die Zeitung und schaute fern, meistens Nachrichtensendungen. Und egal, wie oft eine Meldung sich wiederholte, für ihn klang sie immer neu.

Konnte ich da wirklich so locker vom Hocker zu meiner Mutter sagen: Mach doch mal was allein. Geh ins Café. Lass es dir gut gehen. Kümmere dich um dich selbst. War das nicht ziemlich kaltherzig? Und war es nicht verständlich, dass sie sich gegen ihre Selbstständigkeit wehrte, die sie ja nicht aus freien Stücken erobern wollte, sondern weil sie musste? Weil sie allein war. Auf sich gestellt. Weil sie keine Wahl hatte. Weil die schönen Zeiten vorüber waren. Es geht dem Ende zu. Die Vergänglichkeit wird sichtbar. Das tut weh, und deshalb ist es nur allzu menschlich, dass man sich dagegen sträubt. Herzlos wäre es, ihr das vorzuwerfen.

Wenn ich meinen Mann bitten würde, mir zu erklären, wie der Rasenmäher funktioniert, dann würde ich aus freien Stücken fragen. Vielleicht würde sich Johannes wundern. Vielleicht würde er sich freuen, meine Unterstützung zu erhalten, vielleicht würde es ihm aber auch nicht gefallen, oder er würde mich augenzwinkernd an meine Grenzen erinnern: »Das ist Männerarbeit.« Sollten wir einmal ein altes Ehepaar werden dürfen, können wir aus diesen Tätigkeiten vielleicht auch Selbstbewusstsein schöpfen, Sinn. Und wenn man das nicht mehr kann? Jeder Mensch braucht eine Daseinsberechtigung, Anerkennung, will gebraucht werden, zu etwas nutze sein. Mein Vater war jahrzehntelang der Familienvorstand. Er steuerte den Mercedes durch die Jahreszeiten, seine Frau, die ihm Angetraute, Anvertraute, neben ihm, er war für sie verantwortlich, er würde für sie sorgen, und er würde sich für sie in Stücke reißen lassen. So ist es bis heute. Sie kennen sich seit über sechzig Jahren, und er sagt bei jeder Mahlzeit »Danke« und »Es schmeckt lecker«.

Beim Fernsehen bringt er ihr eine Decke. »Ist dir nicht zu kalt?«

»Nein, danke«, sagt sie, und manchmal vergeht keine Minute, da fragt er abermals: »Ist dir nicht zu kalt?« Er streichelt ihr über die Hand und die Wange. Und wenn man ihn fragte, würde er ohne Zweifel strahlend behaupten, dass seine Frau die beste auf der ganzen Welt sei. Und die schönste. Meine Friseurin erzählte mir einmal, dass so etwas häufiger vorkommt. Männer neigen dazu, ihre Frauen in der Phase der Verliebtheit final abzuspeichern. Dieses Bild verankern sie tief in sich und verändern es nicht mehr. Meine Friseurin beschrieb es so: »Da habe ich sechzigjährige Damen mit so dünnem Haar, dass die Kopfhaut durchschimmert, und sie wollen eine hennarote Tönung, also das Schlimmste, was du in so einem Fall tun kannst. Und das alles, weil ihr Mann sich nicht umgewöhnen kann. Ich schwör's dir: Der sieht sie noch immer mit roter wallender Mähne bis zur Taille. Weil sie für ihn ewig zwanzig ist. Das gibt's, und nicht mal selten.«

Neulich sahen meine Eltern etwas über Reinkarnation im

Fernsehen, und meine Mutter fragte ihren Mann, als was er im nächsten Leben zur Welt kommen wollen würde, wenn das möglich wäre. Mein Vater sagte: »Als dein Mann.«

Die Frau denkt, der Mann lenkt

Nach sechzig Jahren Partnerschaft kann ich nicht verlangen, dass meine Mutter, weil mein Vater am liebsten zu Hause bleibt, wie ein neugieriger, aufgeschlossener, begeisterter Single ihr eigenes Leben erobert. Dass sie jetzt auf einmal einen eigenen Freundeskreis aufbaut, Hobbys findet, Ehrenämter übernimmt. Sie hat immer nur Doppel gespielt und im Team; Einzel kann sie nicht. Soll ich ihr vorwerfen, dass sie eine wichtige Phase ihres Lebens übersprungen hat, indem sie von zu Hause in die Ehe einzog? Was soll das bringen? Sie kann das nie mehr aufholen. Wozu das Ganze? Damit ich ein besseres Gewissen habe, wenn ich mir den Alltag meiner Mutter ausmale, den ich recht trist visualisiere, womit ich mich irren könnte. Ich kann mir naturgemäß lediglich vorstellen, wie es für mich an ihrer Stelle wäre, jeder steckt in seiner eigenen Haut. Doch bei aller Risikobereitschaft zur Selbstaufgabe: So weit wie meine Mutter hätte ich es niemals kommen lassen, schon allein deshalb, weil ich in einer anderen Zeit groß geworden bin. Bis Ende der 1950er-Jahre galt das Letztentscheidungsrecht des Ehemannes in allen Eheangelegenheiten. Beruf, Führerschein, Kindererziehung, eigenes Geld und Konto – das Gesetz regelte alles zu Gunsten des Mannes. Bis 1958 konnte der Mann, wenn es ihm beliebte, den Anstellungsvertrag seiner Frau, die nicht als geschäftsfähig angesehen wurde, nach eigenem Ermessen und ohne deren Zustimmung fristlos kündigen. In Bayern mussten Lehrerinnen darüber hinaus zölibatär leben wie Priester – heirateten sie, hatten sie ihren Beruf aufzugeben. Das Geld der Frau war automatisch das Geld des Mannes, und er konnte nicht nur über das Einkommen seiner Frau verfügen, sondern auch über das Geld, das sie mit in die Ehe brachte. Beachtet man, dass die Ehefrau gar nicht befugt war, ein eigenes Konto zu eröffnen, ist das womöglich eine kluge Entscheidung, sonst hätte sie ihre ererbten Millionen in dicke Wollstrümpfe gestopft, und die wären bei einem Einbruch geklaut worden. Typisch Frau, da muss ein Mann doch aufpassen. Noch bei meiner Geburt 1962 durfte eine Ehefrau laut Gesetz nur dann erwerbstätig sein, wenn dies mit ihren Pflichten in der Ehe und Familie vereinbar war. Ehemänner konnten ein Veto gegen die Berufstätigkeit ihrer Frauen einlegen. Erst nach 1969 wurde eine verheiratete Frau in der Bundesrepublik Deutschland als geschäftsfähig angesehen. Bis 1976 waren Frauen bei der Eheschließung verpflichtet, den Namen ihres Gatten zu übernehmen. In dieser Zeit war ich ein Kind, 1976 wahrscheinlich gerade in der Pubertät. Doch erst als ich vierunddreißig Jahre alt war, galt die Vergewaltigung in der Ehe als Straftat und wurde nicht mehr als interne Angelegenheit betrachtet. Ist das nicht unfassbar? In dieser Zeit lebte meine Mutter ihren Alltag, ging zum Einkaufen, saß halbtags im Vorzimmer eines Chefs bei Siemens, der heute wie eine Karikatur wirkt. Wenn ihm etwas vom Schreibtisch fiel, zitierte er eine seiner beiden Bürodamen herein, es aufzuheben, anders ausgedrückt: sich zu bücken. Meiner Mutter wäre es nie in den Sinn gekommen, sich an den Betriebsrat zu wenden. Er war der Chef, und so war er halt, der Herr Schiller. Sie hatte auch eine Erklärung. Herr Schiller war ein kleiner Mann. Die sind so, das weiß man. Meine Mutter hatte immer eine Erklärung für das Fehlverhalten der Männer, wie fast alle Frauen ihrer Generation, die ich kenne. Wenn die Frauen zusammensaßen, verdrehten sie die Augen und sagten »Männer!« in diesem ganz bestimmten Tonfall. Ein bisschen amüsiert, ein bisschen genervt, ein bisschen nachsichtig und natürlich haushoch überlegen. Sie versuchten sich den Anschein zu geben, drüberzustehen. Doch in Wirklichkeit zementierten sie ihre Unterlegenheit. Ihre scheinbare Abgeklärtheit diente vor allem dazu, einem Konflikt aus dem Weg zu gehen, denn sie hätten in jedem Fall den Kürzeren gezogen, da sie auch vom Gesetz in Abhängigkeit gehalten wurden.

Manche Frauen haben die herrschenden Zustände sehr wohl erkannt, und ihnen bin ich dankbar für alles, was sie erkämpft haben. Ohne Frauen wie die mutige Elisabeth Selbert, 1986 gestorben, wären Frauen und Männer im Grundrechteteil der bundesdeutschen Verfassung nicht gleichberechtigt. Doch wer erinnert sich an sie? Sie wurde nicht belobigt für ihre Zivilcourage, es gibt keinen deutschen Feiertag ihr zu Ehren. Kein Mann bedankte sich bei ihr für ihre Umsicht, darauf hingewiesen zu haben, dass Frauen bis dahin Rechte zweiter Klasse genossen. Elisabeth Selbert wurde eher bestraft, weil sie das Machtmonopol der Männer ins Wanken brachte, das nahm man ihr übel und mobbte sie entsprechend. Als die Verfassung der Bundesrepublik Deutschland 1948 geschrieben wurde, war meine Mutter sechs Jahre alt. Warum haben sie und die meisten Frauen ihrer Generation ihre neuen Rechte nicht eingefordert? Ich kann mir sehr gut vorstellen, dass sie nach dem Zweiten Weltkrieg – und nicht wenige hatten ja auch noch den Ersten Weltkrieg in den Knochen, wie beispielsweise meine Oma, und ihr Mann, mein Opa, diente als Soldat in beiden Kriegen – einfach endlich ein schönes Leben wollten. Ein sicheres und harmonisches Zuhause, Kinder, Waschmaschine, Auto, Fernseher – Wirtschaftswunder. Und das wollte genossen werden, in vollen Zügen, mit viel und fett essen, feiern bis in die Puppen und trinken bis zum Filmriss, wie es mir scheinen will, wenn ich die Schwarz-Weiß-Fotos mit den gezackten Rändern betrachte, die von diesen Jahren Zeugnis geben.

Die Waffen der Frauen

Vor einigen Jahren habe ich einen Hörspielklassiker aus dieser Zeit gehört: Paul Temple wurde in den 1960er-Jahren, als die meisten Deutschen noch keinen Fernseher besaßen, im Radio gesendet. Das Radio lief damals nicht ständig im Hintergrund, es wurde aktiv zugehört. Ich selbst lauschte als Kind am Sonntagnachmittag gespannt den Streichen Pumuckls – ein Höhepunkt des Wochenendes. Abends spitzten die Erwachsenen die Ohren. Krimizeit! Jetzt ermittelte der Privatdetektiv Paul Temple, eine Figur des Autors Francis Durbridge. Paul Temple verfügte über so herausragende kriminalistische Fähigkeiten, dass Scotland Yard ihn regelmäßig um Hilfe bat, wenn die Beamten nicht weiterwussten. Selbstredend löste Paul Temple jeden Fall. Seine Frau, genannt Steve, mixte ihm Drinks, ließ ihm ein Bad ein, bewunderte ihn für seinen Scharfsinn, tätigte Einkäufe, während ihr Mann geniale Schachzüge plante. Sie nahm Termine bei der Schneiderin und beim Friseur wahr, stets gut gelaunt, ein wenig dümmlich, aber doch ausgestattet mit der für damalige Zeiten wohl erstrebenswerten weiblichen Raffinesse. Ich vermute, diese Steve war vielen Frauen ein Vorbild, zumal Paul Temple ein vermögender Mann war. Er wiederum behandelte seine Gattin wie ein verzärteltes Kind. *Steve, du siehst müde aus. Steve, ich glaube du solltest schlafen. Steve, das ist nichts für dich. Steve, streng dein Köpfchen nicht zu sehr an.* Die Frau von Paul Temple hatte kein Eigenleben, keine eigenen Wünsche. Jeden Morgen erkundigte sie sich bei ihrem Gatten, wie ein kleines Mädchen seinen Papi fragen würde: »Was tun wir heute, Paul?« Und Paul, der Steuermann ihres Lebens, teilte es ihr nachsichtig-amüsiert mit. Niemals fragte er sie nach ihrer Meinung. Sie war eben ein Frauchen, also nicht ernst zu nehmen. Davon ließ Steve sich nicht kränken, egal was ihr Göttergatte vorschlug, sie war begeistert. Eigentlich benahm sie sich so, wie man es sich heute von einem treuen und gut erzogenen Hund erwartet. Ja, so etwas in der Art scheinen Ehefrauen für Paul Temple und die Männer seiner Generation gelegentlich oder oft gewesen zu sein: hübsche Schmuckstücke, deren Glanz auf ihre Besitzer abstrahlt, biegsam, fügsam, schmiegsam, treu und brav, ordentlich, unterwürfig, meinungslos, gutmütig, naiv. Aber hatten sie denn eine Wahl? Der Mann verwaltete das Geld und ihr Schicksal. Er bestimmte über sie. War er Arzt, würde sie dafür sorgen, dass seine Kittel frisch gestärkt waren, und ihm zuhören, wenn er von seinen virtuosen Operationen sprach. Oder sie würden ihm assistieren. War er Zigarrenverkäufer, würde sie zur Fachfrau für kubanische Tabakpflanzen, war er Einzelhändler, würde sie die Regale im Laden abstauben und die Buchhaltung erledigen, war er Missionar, würde sie die Stellung in Afrika von der Pike auf lernen. Der Alltag des Mannes formte das Leben der Frau von morgens bis abends. Aufgrund dieser Abhängigkeit legte eine Frau, die es weiterbringen wollte, sich ins Zeug, sich den bestmöglichen Spediteur in ein schönes Leben zu angeln. Sie konnte das eigene Leben ja nicht aus eigener Kraft erobern. Sie musste ihre Reize einsetzen, um einen Mann zu finden, der ihr dieses Leben ermöglichte. Sie glaubte vielleicht nicht genug an sich, es fehlte ihr das Selbstbewusstsein, nun, woher sollte es auch kommen? Wenn ich heute junge Frauen betrachte, die sehr wohl aus eigener Kraft etwas erreichen können, frage ich mich manchmal, warum sie noch immer auf Männer ansitzen, wobei sie gelegentlich ihre Geschlechtsgenossinnen zu vernichten trachten. Natürlich kann man das mit dem Einpark-Gen zu erklären versuchen: Die Frau ist danach nur ein weibliches Tier, das das beste Männchen für den Nachwuchs gewinnen will. Es gibt unzählige Bücher, die Frauen raten, wie sie das anstellen sollen. Dabei werden Frauen wie Männer als eine Art Roboter oder eben rein instinkt-, triebgesteuert beschrieben, die wie auf Knopfdruck reagieren. *Mach ihn eifersüchtig, dann ist er treu. Geh erst nach dem zehnten Läuten ans Telefon und klinge gelangweilt, auch wenn dein Puls seit dem ersten Klingelton auf hundertachtzig ist.* Männer lesen solche Bücher nicht, Männer lesen ja überhaupt weniger, und sie haben auch nicht so viel Veränderungsbedarf. Denn sind sie nicht super, einfach so, von Haus aus? Und der Ratgeber für die Frau rät, ihn darin zu bestätigen. *Dann wird er dir aus der Hand fressen.* Das war jetzt eine sehr vereinfachte Darstellung. So habe ich es mir zurechtgelegt, wenn ich versuchte, die Generation meiner Mutter zu verstehen. Denn eines wurde mir erschreckend klar: dass ich ihr niemals würde helfen können, wenn ich die gestrige gesellschaftliche Realität nicht miteinbezöge, und dass ich sie überforderte, wenn ich meinen heutigen Maßstab anlegte. Sie war es gewohnt, zu folgen, damals folgten so gut wie alle Frauen, und wenn sie etwas nicht konnte oder wollte, war das ihr Fehler, nicht derjenige der anderen, die das von ihr verlangten. Trotzdem wehrte sie sich, aber nicht direkt, sondern diplomatisch. Sie entwickelte eigene Strategien – mit den Waffen der Frauen: Raffiniert setzten sie ihre angebliche Hilflosigkeit ein, um die Männer wie Marionetten tanzen zu lassen. So konnten sie sich hin und wieder stark fühlen, wenn sie den Mann manipulierten, den sie gleichzeitig für seine Dummheit, seine geballte Rollenpotenz verachteten.

Und ich bin mir sehr wohl darüber bewusst, dass ich selbst nicht frei davon bin. Besonders als junge Frau habe ich einiges von den Tonleitern meiner Mutter, die ihre Klaviatur perfekt beherrschte, übernommen. Vielleicht sind diese Rollenspiele nicht nur abgeschaut und gelernt, sondern genetisch in uns verankert, womöglich war bereits Adams Rippe kontaminiert, und so fing der ganze Schlamassel an. Dieses Päckchen, das Frauen tragen, zu kennen erleichtert mir den Umgang mit meiner Mutter. Sie ging sozusagen mit einem Handicap ins Rennen.

Das konnte ich ihr nicht ausreden, das war ihr in den Jahren mit meinem Vater gewachsen wie ein Buckel. Ich bin die Letzte, die behauptet, ich hätte keinen. Das Problem mit den Buckeln ist halt, dass man selbst sie nicht sieht. Wie auch, am Hinterkopf hab ja ich keine Augen.

So wie mein Vater, war auch Paul Temple ein Kapitän. Er lenkte seine Frau durch … ihr Leben oder doch eher durch seines, in dem sie ein hübsches Anhängsel war, für das er verantwortungsvoll, gütig und durchaus nachsichtig Sorge trug. Neulich hörte ich eine arabische Anwältin darüber klagen, dass der arabische Mann seine Frau wie ein Kind behandle und dass die arabische Gesellschaft lernen müsse, dass Frauen erwachsene Menschen seien – und als solche zum Beispiel Auto fahren können. Steve fuhr übrigens Auto, und darauf war sie stolz. Doch wenn sie mit ihrem Mann Paul unterwegs war – wer saß dann wohl am Steuer?

Frauen lassen sich leicht zurückdrängen, das ist besonders nach Kriegen zu beobachten. Während des Krieges stehen sie in der Heimat ihren Mann. Dann kommen die Männer zurück, und die Frauen rückten, so habe ich es hundertfach gelesen und gehört, in die zweite Reihe. Manche mag das erleichtert haben, andere haben es bedauert. Einmal unterhielt ich mich mit einer älteren Dame, die mir erklärte, dass dieser Rückzug für die Frauen wichtig gewesen sei: »Wir mussten den Männern nach dem Krieg ihre Würde zurückgeben.«

Als ich meiner Mutter von Paul Temple und seiner Frau erzählte, lachte sie. »Ja, so war das damals.«

»Hat dich das denn nicht entrüstet?«

»Nein, das war normal.«

»Und wie war das für dich, dass Papa dir hätte verbieten können zu arbeiten?«

»Das hätte er nie getan. Dein Vater hat mich immer auf Händen getragen.«

»Aber so waren die Gesetze damals.« Ich berichtete ihr davon. Mit großen Augen hörte sie mir zu. »Unglaublich«, sagte sie dann. »Hast du das denn nicht gewusst?«

Sie schüttelte den Kopf. Bevor ich das Sanne erzählte, dachte ich diesmal nach und fragte mich, wie viel von den mich betreffenden geltenden Gesetzen mir bekannt sind. Und dann schwieg ich in der Erkenntnis, dass nachfolgende Generationen auch mich eines Tages fassungslos fragen können: Wie konntest du das zulassen? Es wird dann vielleicht nicht um Frauenrechte und Mütter gehen, sondern um Mutter Erde.

Fernsehen in der Gebärmutter

»Wenn ich mir überlege, Mama, wie ihr Frauen früher behandelt wurdet.«

»Also, so schlimm war es nun auch nicht. Die Hexenverbrennung war ja schon vorbei.«

Woher kam das jetzt? Da fiel es mir ein, gestern Abend, *Die Päpstin* im Fernsehen.

»Wer weiß, was aus dir geworden wäre, wenn du dein Leben selbst in die Hand genommen hättest.«

»Ich hatte ein schönes Leben. Alles war genau so, wie ich es mir gewünscht habe mit Papa und euch.«

»Ja, aber du hast dir auch das gewünscht, was du dir wünschen musstest.«

»Tut das nicht jeder? Du hast dir was anderes gewünscht, weil zu deiner Zeit etwas anderes in Mode war.«

»In Mode?«

»Na, die Revolution und die Langhaarigen und so. Und Alice Schwarzer.«

»Leider bin ich für die Achtundsechziger ein bisschen zu spät auf die Welt gekommen.«

»Früher ging nicht.«

Wir lachten beide.

»Also, Mama, ich finde es echt toll, wie du alles geschafft hast«, sagte ich. Wann immer ich mir die Vergangenheit meiner Mutter vergegenwärtigte, war ich milder gestimmt. Und ich fragte mich, ob nicht viele Missverständnisse zwischen Müttern und Töchtern allein fehlendem Einfühlungsvermögen geschuldet waren. Es ist unglaublich schwierig, sich die Umstände vorzustellen, die wiederum das Selbstwertgefühl prägen, unter denen Generationen davor lebten. Ich überlegte mir, wie eine Tochter in zwanzig, dreißig Jahren über mich denken könnte, also in einer Zeit, in der niemand mehr den Kühlschrank öffnen wird, um herauszufinden, was er oder sie einkaufen muss. Das wird der Kühlschrank in Eigenregie erledigen, er wird über Intelligenz verfügen, wenn auch künstliche, und über Datenaustausch mit anderen Geräten kommunizieren. Ich würde meine Tochter … anrufen? Ansimsen? Wohl kaum. Ich würde auf eine mir heute noch nicht bekannte Art mit ihr Kontakt aufnehmen oder mit ihrem Qualitypad oder ihrer Alexa und sie um Hilfe bitten. »Ich weiß nicht, wie ich den Staubsauger abschalten soll.«

Der Staubsauger heißt natürlich nicht Staubsauger, sondern vielleicht Alex. Die traditionelle Rollenaufteilung konnte ja nicht mehr beibehalten werden, nachdem Frauen sich in allen Bereichen besser qualifizierten als Männer. Um die Welt zu retten, braucht es Menschen, die sich primär um die Sache kümmern, nicht um ihre Macht oder Eitelkeit, und die Ressourcen schützen, statt sie auszubeuten. Also sind vor allem Frauen für die Schlüsselpositionen in Politik und Wirtschaft prädestiniert. Und natürlich Roboter. Von ihnen gibt es Milliarden. Was mich einschüchtert. Meine Tochter lacht mich aus:

»Mama, du bist altmodisch! Mama, jeder begreift, wie sie funktionieren! Du musst einfach mal über deinen Schatten springen!«

Ich will aber nicht. Ich fühle mich nicht wohl in dieser schönen neuen Welt. Ich will, dass alles so ist wie früher, in der Welt von damals kenne ich mich aus. Meine Tochter versteht das nicht, weil mir die Roboter doch so viel Arbeit abnehmen könnten. Ich aber will gern auch selbst noch etwas machen, nicht von bis zu fünfzig Assistenten umgeben sein, die für mich Dinge erledigen, so wie es bei meiner Tochter ist, wobei man die Assistenten gar nicht sieht, sie sind einfach da, viele unter ihrer Haut, überall. In zwei Jahren soll ich auch mal Großmutter werden, dann lässt sie ein paar der Eier, die sie vor zwanzig Jahren eingefroren hat, auftauen und befruchten. Da sie eine Führungskraft ist, werden sie mit XXXXXL Super Intelligence High Speed befruchtet, und wenn ich nicht so bockig wäre, könnte ich jeden Tag in ihrer Gebärmutter fernsehen. Ich warte aber mal lieber ab. Eigentlich weiß ich gar nicht, ob ich mich auf mein Enkelkind freuen soll, meine Tochter ist über fünfzig, wenn sie zum ersten Mal Mutter wird. Doch durch die bahnbrechenden Erkenntnisse der neuen Medizin wird sie sicher einhundert Jahre alt. Das hoffe ich für mich nicht. Denn es gefällt mir nicht mehr auf dieser Welt, und ich ärgere mich, dass meine Meinung als altmodisch abgetan wird. Meine Tochter nimmt mich nicht ernst, sie glaubt, sie allein wisse, was am besten für mich sei. Ist das nicht seltsam? Jahrelang hat sie mir zum Vorwurf gemacht, dass ich glaubte zu wissen, was das Beste für sie sei. Und jetzt ist es andersherum. Die Brille, die sie mir zu Weihnachten geschenkt hat, mit der ich mich irgendwohin beamen kann, wo es ganz toll ist, will ich auch nicht aufsetzen, mir ist das unheimlich. »Aber es gibt Features, mit denen kannst du in deiner geliebten alten Zeit leben«, hat sie mich zu locken versucht. »Da ist alles genauso umständlich wie früher. Da gibt es noch Handys und Lebensmittelgeschäfte, und die Autos werden von Menschen gesteuert.« Sie lacht. Sie findet das zum Brüllen komisch. Autos, die nicht autonom fahren, das liegt doch schon im Wort, Au-to, au-to-nom.

»Findest du es nicht toll, Mama«, fragt sie mich, »dass du alles so praktisch von zu Hause aus erledigen kannst, und sogar wenn du rausgehen möchtest, kannst du dabei drinbleiben?«

Nein, das finde ich nicht, aber ich nicke. Ich wäre für mein Leben gern mal wieder in einem stickigen miefigen Wartezimmer voller Bazillen. Aber so was gibt es ja nicht mehr. Kein Arzt ist so gut wie der MacDoc, mit dem auch ich über einen Chip vernetzt bin, weil ich sonst in keine Gesundheitskasse aufgenommen würde. Und es dauert keine Stunde, bis mir eine Drohne ein Medikament bringt, falls dem MacDoc meine Vitalwerte, die er ständig überprüft, missfallen. Wie viel würde ich dafür geben, ich könnte einfach mal so in eine Apotheke hineinspazieren. »Hallo, ich hätte gern eine Schachtel Aspirin.«

Die würde ich gar nicht bekommen ohne Anweisung vom Mac-Doc. Ich möchte auch für mein Leben gern mal wieder einkaufen. Mit dem Auto zum Discounter, rückwärts einparken, einen Einkaufswagen holen und dann durch die Regalreihen rollen, anstatt mir, ach wie praktisch, alles, was ich brauche, vom 3D-Drucker produzieren zu lassen. Und kochen würde ich auch gern mal wieder was. Aber es gibt ja keine Herde mehr. Nur noch Roboter, die alles selber machen. Wenn ich morgens aufstehe, ist der Kaffee schon fertig, und so geht es den ganzen Tag weiter. Ja, sicher hat das Vorteile. Es werden keine Lebensmittel weggeworfen, dafür sorgt das Kühlschrank-Management. Alles wird verwertet, und zwar vegetarisch. Fleisch ist bei knapp zehn Milliarden Menschen auf der Erde verboten, es verbraucht zu viele Ressourcen. Aber man kann sich an den Geschmack des künstlichen Fleisches, das in Bioreaktoren gezüchtet wird, durchaus gewöhnen. Man gewöhnt sich an alles. Nur: Schön ist das nicht mehr. Aber wahnsinnig gesund, weil man ja nur das zu essen bekommt, was der MacDoc für essentiell erachtet in der jeweils aktuellen biochemischen Verfassung. Mahlzeit!

Wenn ich mutiger wäre. Wenn ich nicht so angepasst sozialisiert wäre. Wenn ich jünger wäre. Wenn ich es mir zutrauen würde.

Wenn ich mich besser auskennen würde. Wenn, wenn, wenn. Dann!
Würde ich es vielleicht wagen, mich der Technix-Bewegung anzu-
schließen. Die versuchen, ein unabhängiges, freies Leben zu führen,
und scheuen die Konsequenzen nicht, denn sie fallen aus sämtlichen
Netzen. Aber wie soll ich denn ganz allein dort Fuß fassen? Nein,
dazu fehlt mir das Selbstbewusstsein. Meine Tochter würde es sich
trauen, wenn sie wollte. Aber die ist ja ganz anders als ich. Sie
will auch nichts von früher hören. Wenn ich zu reden beginne, ver-
dreht sie die Augen, weil ich zu langsam bin. Dann wirft sie Bilder
an die Wand, wie das damals war, sie holt sich Informationen aus
ihren Netzen, statt mir zuzuhören. Ich bin ja nur eine Meinung,
sagt sie, man muss auf das ganze Netz zurückgreifen, und ich bin
verbohrt, sagt sie, weil ich eine Individualistin bin, und das war
gestern, das ist out, ich bin halt völlig falsch sozialisiert. Und sie
muss sowieso gleich weiter. Früher hätte ich ihr wenigstens noch
einen Kuchen backen können. Aber einer aus dem 3D-Drucker?
Meine Enkelin fragt mich manchmal: »Oma, erzähl doch mal von
früher.« Und dann kriegt sie Lachkrämpfe. Am lustigsten findet sie
es, dass Menschen zu meiner Zeit Autos besessen haben und Zeit
darauf verwendeten, sie zu steuern. Dass es ein Lenkrad in diesen
Wagen gab und oft nur ein Passagier drin saß. Und dass ihr Opa
diesen Unsinn nicht aufgeben wollte, dafür hat sie überhaupt kein
Verständnis.

Zwiebel im Taschentuch

Letztlich dauerte der Kampf um den Fahrersitz mehrere Jahre.
Heute fährt nur noch meine Mutter. Je mehr Fahrpraxis sie er-
warb, desto selbstverständlicher schnappte sie sich den Autoschlüssel. Doch leicht war es nicht, denn mein Vater machte sie
nach wie vor nervös. Einige Male hörte ich mir die Geschichte
von Tante Lina an, der Frau eines Arbeitskollegen meines Va-

ters, die kurz nach meiner Mutter in den 1960er-Jahren den Führerschein gemacht hatte. Onkel Kurt hatte Tante Lina beim Autofahren ständig gemaßregelt, an ihr herumgemäkelt, und da war sie eines Tages mitten auf einer Kreuzung stehen geblieben, ausgestiegen und mit der Straßenbahn nach Hause gefahren. Und sie war nie wieder Auto gefahren, sosehr Onkel Kurt auch bettelte und flehte, denn er war im Kegelclub und in der Kleingartenkolonie und im Schützenverein, und wie sollte er bitte schön von dort nach Hause kommen?

»Dann darfst du eben nichts trinken.«

»Aber das geht nicht.«

»Dann musst du dir ein Taxi nehmen.«

»Das Geld haben wir nicht!«

Dass die Ehe von Tante Lina und Onkel Kurt kein Eierkuchen war, vermuteten manche, doch wie sehr Tante Lina litt, erfuhr meine Mutter erst nach dem Tod von Onkel Kurt – und fiel aus allen Wolken. Tante Lina war eine gute Bekannte gewesen, und doch hatte sie keine Ahnung von ihrem fünfundvierzigjährigen Martyrium gehabt.

»Weißt du, was sie auf der Beerdigung zu mir gesagt hat?«, fragte meine Mutter mich betroffen und erzählte es mir. »Sie hat sich eine Zwiebel ins Taschentuch gelegt, damit sie weinen muss.«

Ich platzte laut heraus. Meine Mutter schaute mich erst strafend an, dann lachte sie auch, ein bisschen. Aber vor allem war sie bekümmert, weil sie, die Empfindsame, nichts gespürt hatte. Aber hätte sie sich in einer solchen Situation Lina anvertraut?

»Natürlich!«, rief sie.

Ich glaubte ihr nicht. Denn auch sie wollte vor allem die Fassade glatt halten, wenigstens früher. So weiß Tante Lina auch erst seit Kurzem von der Demenz meines Vaters. Ist diese Zurückhaltung ein Zeichen der Generation meiner Mutter? Oder ist es typisch deutsch? Warum wird selbst Freunden etwas vor-gespielt? Was ist das für ein seltsamer Wettbewerb, bei dem es nichts zu gewinnen gibt, allein Einsamkeit.

Als Leander gestorben war, besuchte ich eine Selbsthilfegruppe. Die Gespräche mit anderen Trauernden halfen mir sehr. Jahre später schrieb ich ein Buch über Hospize und hörte bei der Recherche von einer Psychologin, dass ältere Frauen nicht ge-wohnt seien, über ihre Gefühle zu sprechen, schon gar nicht vor Fremden, also in Selbsthilfegruppen, und dass es sehr trau-rig sei, dass sie die Hilfe, die sie in der Gemeinschaft erfahren könnten, nicht annehmen würden. Die Generation der heute jungen Menschen kennt hingegen kaum mehr Zurückhaltung, da wird alles Private öffentlich gemacht, ja, es scheint gera-dezu ein Zwang zu sein. Ist es nicht faszinierend, wie viele ver-schiedene gesellschaftliche Strömungen man in einem halben Jahrhundert Leben beobachten kann? Aber was helfen alle gu-ten Vorsätze, wenn man sich nicht mehr mitteilen kann? Ich stelle mir vor, mein Vater hätte mit einem Kumpel über seine Eignung zum Autofahren gesprochen. Also in Andeutungen. Denn mein Vater als echter Mann seiner Generation sprach nie viel.

Vielleicht so: »Das mit dem Führerschein. Blöde Sache.«

Nein, das wäre wie mit der Tür ins Haus fallen. Eher: »Ich kenn doch meinen Mercedes.«

Nein, viel zu persönlich. Vielleicht: »Ich bin mit meinem Wagen noch immer sehr zufrieden.«

Ja, das könnte passen. Damit hätte er alles ausgedrückt, was seiner Meinung nach zum Thema Führerschein im Alter Rele-vanz besitzt.

Das Auto nimmt eine zentrale Stellung in der Welt meines Vaters ein. Wenn ich meine Eltern besuche, kommt er manch-mal die Treppe hinunter, schaut mir beim Aussteigen zu, nickt freundlich und fragt dann »Wie viele Kilometer hat er denn drauf?«.

»Knapp zweihunderttausend.«

»Und, läuft er gut?«

»Perfekt.«

Wieder nickt er zufrieden. Dann möchte er wissen: »Was braucht er denn?«

Da ich mit »Keine Ahnung« nicht durchkomme, sage ich »Fünf Liter.«

»Gut«, nickt mein Vater und geht wieder ins Haus. Bliebe er stehen, würde es wieder von vorne beginnen. »Wie viele Kilometer hat er denn drauf?«

Und das Verrückte ist, dass ich das Gefühl habe, wir hätten uns gut unterhalten und erschöpfend ausgetauscht. Haben wir nicht alles Wesentliche besprochen?

Wenn ich meinen Vater nicht lediglich auf eine Gefahr im Straßenverkehr reduzierte, wurde es kompliziert. Ich glaubte spüren zu können, wie schwer ihm der Abschied vom Autofahren fiel. Als junger Mann träumte er zuerst von einem Rennrad. Als er es erspart hatte, radelte er damit quer durch Deutschland und träumte von einem Motorrad. Er sparte weiter eisern, erfüllte sich den Traum und fuhr quer durch Europa. Und wieder sparte er eisern, und dann hatte er endlich sein eigenes Auto. Einen Fiat Topolino, den er mit acht Auspuffen ausstattete. Der war sein ganzer Stolz, und beim ersten Rendezvous mit meiner Mutter versetzte er sie drei Stunden, weil er das Auto vorher mit der Zahnbürste schrubbte und auch noch eine Motorwäsche machte.

Mein Vater war ein wenig älter, als ich es heute bin, als er einen Herzinfarkt erlitt, was für sein Lebensgefühl der Tüchtigkeit und Stärke eine nur schwer zu verkraftende Niederlage darstellte. Nach einem längeren Krankenhausaufenthalt kam er zur Kur. Dort hatte er nur eines im Sinn: den Motorradführerschein, denn sein alter galt nach einer Gesetzänderung nicht mehr für die schwere BMW, mit der er liebäugelte. So therapierte er sich, auf seine Art. Zur Prüfung fuhr er dann noch einmal in den Schwarzwald und antwortete zu Hause auf die Frage, wie es ihm bei der Prüfung ergangen sei: »Normal.« Auch für meine Mutter war dann alles normal, denn nun durfte sie sich um alle Sorgen machen, weil auch mein Bruder Motorrad fuhr, ich ja sowieso.

Wenn ich meinem Vater die Notwendigkeit des Fahrverbots wenigstens hätte erklären können. Doch die Demenz war eine Sackgasse, er war manövrierunfähig. Er würde sich bestraft fühlen als Beifahrer. Das, was er mit so großer Selbstverständlichkeit und Freude sein Leben lang getan hatte – Auto fahren –, wurde ihm nun, ohne dass er die Notwendigkeit sah, weggenommen von seinen nächsten Menschen. Wie sollte er das verstehen? Und wie sollte meine Mutter es übers Herz bringen? Bloß weil es die Kinder verlangten. Und wenn sie zwischendurch mal dachte: Dann haben wir eben einen Unfall und sind beide tot? Ja, das wäre eine Möglichkeit, doch bei einem Unfall stirbt man nicht unbedingt, und vor allem nicht nur die Verursacher, was meiner Mutter durchaus bewusst war und weshalb sie meinen Vater noch dringender als aktiven Verkehrsteilnehmer abmelden wollte. Aber was bliebe meinem Vater dann noch? Wozu taugte er noch? Es war doch seine Aufgabe als Mann, die Frau sicher zu chauffieren. Seit meine Eltern umgezogen waren, bastelte er auch nicht mehr in seiner Werkstatt im Keller. Er hatte keine mehr. Es war nicht mehr notwendig. Alle wesentlichen Dinge passierten im Haus und gehörten zu Mamas Bereich. Sie kochte und putzte und kaufte ein und kümmerte sich um die Wäsche, hielt den Kontakt zu den Kindern, sie steuerte das Eheschiff. Wusste mein Vater das? Oder merkte er es gar nicht, lebte er noch immer in jenen Zeiten, in denen er als Kapitän mit ruhiger Hand und klarem Verstand das Familienschiff durch die Wogen lenkte?

Papa steigt aus

Ich war mit der S-Bahn nach München gefahren und kam wegen eines Schienenunfalls nicht nach Hause. Ich rief meine Mutter an und bat sie, mich am Stadtrand, wohin ich mit dem Bus fahren würde, abzuholen. Ich war sicher, das würde sie schaffen, die Strecke kannte sie gut, weil sie in der Nähe einmal gearbeitet hatte. Und wie immer in einem Notfall sträubte sich meine Mutter nicht lange. Sie seufzte zwar schwer, willigte jedoch ein. Selbst wenn sie langsam gefahren wäre, hätte sie in dreißig Minuten bei mir sein müssen. Sie kam aber nicht. An einer zugigen Ecke stehend, begann nun ich, mir Sorgen zu machen. Nach einer Stunde, weil ich sie nicht hetzen wollte, rief ich sie auf dem Handy an. Niemand hob ab. Nun machte ich mir ernsthaft Sorgen.

Nach eineinhalb Stunden tauchte der Mercedes meiner Eltern auf. Mein Vater blickte mit kalkweißem Gesicht starr geradeaus, der Kopf meiner Mutter leuchtete tomatenrot. Mit einem Blick bedeutete sie mir, dass sie in Hörweite meines Vaters nicht sprechen könne. Sie wirkte kurz vor einem Nervenzusammenbruch und mein Vater vollkommen orientierungslos. Nachdem wir einige Sätze über das Wetter gewechselt hatten, entspannte er sich, und auch die Gesichtsfarbe meiner Mutter normalisierte sich. Sie brachte mich zu meinem an der S-Bahn geparkten Wagen und stieg dort mit mir aus – unter dem Vorwand, noch etwas aus meinem Auto holen zu müssen. Hastig erzählte sie mir, dass sie den Weg gewusst habe. Dass sie alles richtig gemacht habe. Dass sie nur an der Autobahnausfahrt zur Sicherheit meinen Vater gefragt habe, ob sie wirklich links abbiegen solle. Obwohl sie doch wusste, es ging nach links. Auch das Navi hatte links gesagt. Mein Vater aber hatte rechts gesagt, und da sei sie nach rechts abgebogen und auf einmal, sie wusste nicht, wie, auf der Autobahn Richtung Stuttgart gelandet. Was sie meinen Vater aber nicht merken lassen durfte, weil er sich sonst schrecklich aufgeregt hätte und ihr dann Fahrfehler unterlaufen wären, die ihn noch mehr aufgeregt hätten.

Entgeistert schaute ich sie an. »Du hast Papa mehr vertraut als dir selbst und dem Navi?«

Bekümmert nickte sie.

»Aber du weißt doch, dass er überhaupt keine Orientierung mehr hat!«

»Aber er hat sich doch früher immer überall ausgekannt.« Ihre Augen schimmerten feucht. In diesem Augenblick tat sie mir entsetzlich leid, und ich hätte ihr so gern geholfen, doch das konnte ich nicht: Ich konnte die Zeit nicht für sie zurückdrehen zu jenem Mann, der sich am Himmel orientierte, der alle Sterne kannte und immer wusste, wo welche Himmelsrichtung war. Wenn er mir einen Weg erklärte, begann er stets so: »Du hältst dich nördlich …« Und wenn ich fragte: »Wo ist Norden?«, dann rotierte seine innere Kompassnadel, so etwas konnte er sich kaum vorstellen, einen Menschen, der nicht eingenordet war.

»Und ich hab schon gedacht, auf einmal bin ich in Stuttgart, da kenne ich mich doch nicht aus, und auf der Autobahn fahre ich sowieso nur äußerst ungern und … um Gottes willen!«, rief sie – und da sah ich es auch. Mein Vater hatte den Fahrersitz geentert und war losgefahren! Wild gestikulierend rannte meine Mutter ihm nach. Für einen Moment befürchtete ich, er würde einfach weiterfahren. Vielleicht mit Vollgas. Alles egal. Auch wenn er nicht genau wusste, worum es eigentlich ging, er spürte es, er spürte immer alles, das war das Anstrengende, dass meine Mutter alles verheimlichen musste, damit er sich nicht aufregte. Denn wenn er sich aufregte, wurde alles nur noch schlimmer.

»Er darf nicht fahren!«, rief sie.

»Ja«, keuchte ich hinterher und überlegte mir, wie schnell ich laufen konnte und wie es mir gelingen könnte, ihn aufzuhalten, wenn ich es bis zum Auto schaffte. Da wendete er. An seinem Gesicht sah ich, dass er den Fahrersitz nicht verlassen würde, nicht freiwillig. Wir müssten ihn aus dem Mercedes ziehen. Er hielt an.

»Steig schnell ein!«, rief ich meiner Mutter zu. »Ich fahre hinter euch her und sichere von hinten. Du übernimmst vorne.« Ich rannte zu meinem Auto, während meine Mutter extra langsam die Beifahrertür öffnete und Platz nahm.

So geleitete ich meinen Vater auf seiner letzten Fahrt in seinem Mercedes. Der alte Kapitän saß mit unbewegtem Gesicht in seinem Schiff, steuerte mit ruhiger Hand die vier Kilometer nach Hause, zwei Ampeln, einmal links, einmal rechts abgebogen, dann in die Auffahrt und bis in die Garage. Mit gesunder Gesichtsfarbe stieg er aus, kreidebleich nun meine Mutter.

»Ach, du hast Glück, dass du uns triffst«, begrüßte er mich. »Wir sind gerade gekommen.«

»Ja, so ein Glück«, stammelte ich.

Ich schien mich merkwürdig zu benehmen, denn er setzte erklärend nach: »Wir waren gerade beim Einkaufen.«

Meine Mutter wankte zur Haustür. Mein Vater, freundlich und interessiert auf mein Auto blickend, wollte wissen: »Wie viele Kilometer hat er denn drauf?«

»Zu viele«, rutschte es mir heraus.

Damit kam ich nicht durch. »Und genau?«

»Um die zweihunderttausend.«

»Soso. Und was braucht er?«

»An die fünf Liter.«

Mein Vater nickte. »Und bist du zufrieden?« Wie er mich anschaute. In diesem Moment durchzuckte mich ein Verdacht. Wusste er vielleicht doch, was hier ablief?

»Ja«, sagte ich.

»Dann ist es ja gut«, sagte er, wandte sich um und ging ins Haus.

Von diesem Tag an widersprach er nie wieder, wenn meine Mutter hinter dem Steuer Platz nahm. Heute sagt er manchmal: »Ich habe meine Chauffeurin dabei.« Und wir versichern ihm, wie sehr wir ihn um diesen Luxus beneiden.

Die Ehe ist das Grab der Frau

Je intensiver ich mich mit der Emanzipation meiner Mutter beschäftigte, desto mehr zweifelte ich an meinem Vorhaben. Vielleicht fand sie ihre Unselbstständigkeit gar nicht schlimm, vielleicht hatte sie überhaupt keine Lust, sich zu verändern, und reagierte nur mir zuliebe auf meine Bemühungen, so wie sie sich früher meinem Vater zuliebe angestrengt hatte. Kannte ich meine Mutter überhaupt? Kann ein Kind den Menschen Mutter sehen oder nicht eher lediglich die Rolle der Mutter? Und auch diese musste ich hinterfragen, denn sie bezog sich auf das Bild, das ich mir im Laufe meiner Kindheit und Jugend von meiner Mutter gemacht hatte. Dieses Bild hatte ich irgendwann abgespeichert und seither nur selten aktualisiert. Mir schwante, dass ich in gewisser Weise bei mir selbst beginnen musste, bei meinem Bild von meiner Mutter, und dass ich um die Augenhöhe ebenso ringen musste wie sie um Selbstständigkeit, wenn das überhaupt ihr Wunsch war.

Als Kind war es nie mein Wunsch, gut nähen zu können, ich hatte eine Vier in Handarbeiten, und das war in der damaligen Zeit für ein Mädchen so viel wie eine Sechs. Meine Mutter strickte mit Leidenschaft und wollte ihre Freude mit mir teilen. Ich hasste Stricken; später brachte ich es ihr zuliebe zu einigen Pullovern. In jedem einzelnen hätte eine vierleibrige übergewichtige Familie bequem Platz gefunden. Es war meiner Mutter nicht gelungen, mich dafür zu begeistern, ganz im Sinne dieses wunderbaren Zitates des »Vaters« des kleinen Prinzen Antoine de Saint-Exupéry: »Wenn du ein Schiff bauen willst, dann trommle nicht Männer zusammen, um Holz zu beschaffen, Aufgaben zu vergeben und die Arbeit einzuteilen, sondern lehre die Männer die Sehnsucht nach dem weiten, endlosen Meer.«

Wenn ich meine Mutter also dazu verlocken wollte, ihr Nest zu verlassen, flügge zu werden, musste ich Köder finden, die ihr gefielen, nicht mir. Dabei spielte nicht nur unser Altersunterschied eine Rolle, sondern vor allem unsere Verschiedenheit. Die wurde mir besonders deutlich, wenn ich mir überlegte, wie sie in meinem Alter gelebt hatte. Noch als Fünfzigjährige, beide Kinder längst aus dem Haus, war sie die untergebene Mitarbeiterin meines Vaters und zeigte keinerlei Eigeninitiative oder gar Führungsanspruch. Er war der Chef, sie verrichtete niedere Dienste, die zwar das Fundament der Familie bildeten, doch sie wurden nicht honoriert, sondern als selbstverständlich hingenommen. Ihr Ehemann trug sie auf Händen, behandelte sie stets respekt- und liebevoll, aber gemacht wurde, was er wollte. Er war der Bestimmer, sie hatte sich zu fügen. Dieses Rollenmodell ist leider heute noch weit verbreitet. Mich hat diese Ungerechtigkeit schon als Kind empört, und ich rannte dagegen an, frontal darauf zu. Immer wieder predigte meine Mutter mir, dass eine Frau ihre Ziele durch Diplomatie erreiche. In Wirklichkeit säße die Frau, nicht der Mann, am Steuer, nur dürfe er das nie merken. Für mich als Kind war das ein untrügliches Zeichen von Schwäche und als Pubertierende von schöngeredeter Schwäche. Was für ein schaler Triumph, was für eine Lebenslüge! Ich forderte dieselben Rechte wie ein Junge, und mein Vater schien sie mir zuzugestehen – bis zur Pubertät. Dann sollte ich mich plötzlich in eine junge Dame verwandeln, und anstatt meine Preisboxerschultern zu loben, tadelte er: Eine Dame benimmt sich anders. Ich sollte kleinere Portionen auf meinen Teller laden, manierlicher essen, die Beine beim Sitzen zusammenhalten, nur reden, wenn ich gefragt wurde, stets höflich und freundlich sein, mit meiner Meinung hinterm Berg halten, mich öfter frisieren, nicht so laut lachen, Mama in der Küche helfen und so weiter. Doch ich war für die Damenwelt bereits verloren, auch wenn ich mit Entsetzen beobachten musste, dass man es als Dame weit bringen konnte, wenn auch auf diplomatischen Umwegen. Ich wollte den direkten Weg gehen, alles andere erschien mir als unehrlich und Zeitverschwendung. Mit dem Kopf durch die Wand meinetwegen, aber ehrlich statt verlogen, und warum sollte ich einem Jungen oder Mann ständig das Gefühl geben, er sei der großartigste Held der Welt, wenn er doch in Wirklichkeit ein Hase war? Ich begriff nicht, dass mich gerade meine Direktheit auch scheitern lassen und zu Umwegen zwingen konnte, weil Diplomatie nun mal salonfähig ist.

Manche meiner Freundinnen nahmen die jungen Herren nach allen Regeln der weiblichen Kunst aus – und die merkten es gar nicht, was sie triumphieren ließ, mich jedoch abschreckte. Auch mein Vater merkte nichts, als meine Mutter, damals gab es noch keine Videorekorder, unbedingt ein Johnny-Cash-Konzert im Fernsehen sehen wollte. Ich war acht oder neun und hatte gerade die Röteln hinter mir – oder waren es die Masern, Windpocken, Mumps? Ich spürte, dass meine Mutter meine Hilfe brauchte, und das machte mich stolz. In die Hand versprach ich ihr, einen Rückfall zu simulieren, damit wir einen Tag später in den Urlaub fahren würden und sie das Johnny-Cash-Konzert im Fernsehen sehen konnte. Heute erinnert sie sich nicht mehr daran, und meinen Vater kann ich nicht fragen, ob er die Aufführung durchschaut hat. Ich bin sicher: nein. Diese hohe Kunst der Diplomatie war dem Handwerker fremd. Als Kind beschäftigte mich die kleine Taktik, wie meine Mutter sie nannte, wochenlang. Für mich war sie eine Lüge, aber nach Ansicht meiner Mutter logen Frauen nicht, sie gingen strategisch vor.

Immer wieder fragte ich meine Mutter: »Warum sagst du nicht geradeheraus, was du willst?«

»Wenn du größer bist, wirst du es begreifen«, erwiderte meine Mutter.

Alles, was meine Mutter sich wünschte, erreichte sie durch geschicktes Einfädeln. Sie sagte nicht, dass sie sich neue Vorhänge wünschte. Sie arbeitete wochen- und monatelang gezielt auf die neuen Vorhänge hin, indem sie von Nachbarn sprach, was wenig fruchtete. Oder die alten Vorhänge mit traurigem Gesicht durch die Hände gleiten ließ, das war schon besser. Denn mein Vater wollte immer und unbedingt, dass meine Mutter glücklich war. Doch man schmiss das Geld nicht aus dem Fenster. Vernünftige Gründe waren ausschlaggebend, und wenn es keine gab, erfand er welche, ja, da zeigte er kuriose Kreativität. Als ich mit Anfang zwanzig voller Begeisterung einen Bauchtanz-Kurs absolviert hatte und an seinem Geburtstag die Hüften wackeln ließ, nickte er nachdenklich: »Dieser Tanz sorgt sicherlich für eine allgemeine Anmut und Geschmeidigkeit. Wenn du beispielsweise im Büro einen Aktenordner aus einem Schrank nimmst, wirst du dich auszeichnen, und wenngleich es nichts mit deiner Qualifikation zu tun hat, so ist es dennoch von Nutzen, und wahrscheinlich ist es auch eine gesunde körperliche Ertüchtigung«, jetzt grinste er, »so wie du geschwitzt hast.«

Der Segen der Stiftung

Am einfachsten war mein Vater mit Qualitätsgründen und noch besser mit der Stiftung Warentest zu überzeugen. So kam er dann eines Tages selbst auf die Idee. »Wir sollten neue Vorhänge kaufen.«

Mama durfte sie aussuchen, weil sie als Frau Geschmack hatte.

Sie verdiente eigenes Geld halbtags im Büro bei Siemens und fragte meinen Vater um Erlaubnis für alles. Nur über Lebensmittel und ihre Kleidung entschied sie selbst. Letztere führte sie nach den Einkäufen abends vor. Die Preisschildchen waren entfernt, wenn Papa fragte, sagte sie »Sonderangebot« oder machte selbst eins daraus. Papa lachte gutmütig, wir Kinder klatschten in die Hände und freuten uns an unserer schönen Mama, die sich vor uns drehte im neuen Kleid. Ein wenig verlegen, glaubten wir, aber gewiss auch im Bewusstsein ihrer Strahlkraft auf Papa. Obwohl sie eigenes Geld hatte, bedankte sie sich bei meinem Vater, als sie sich ihr erstes Auto kaufen durfte. Selbstverständlich verdiente Papa mehr. Er war ja auch ein Mann. Bei verheirateten Paaren der Generation 65 plus leben aktuell noch immer fünfundzwanzig Prozent der Ehefrauen überwiegend von den Einkünften ihrer Angehörigen.

Meine Mutter war nur wenig älter, als ich es jetzt bin, als ich sie dabei unterstützte, meinen Vater zu einem Computer zu manipulieren. In Teamarbeit benötigten wir zwei, drei Monate. Zuerst sagte mein Vater Nein. »Ein Computer kommt nicht ins Haus. Wir sind Privatleute, kein Büro, wir brauchen keinen Computer.«

Ich versuchte ihm den Floh vom Automarkt ins Ohr zu setzen, den er am Computer viel besser beobachten könnte. Denn wenn Papa es verboten hatte, war das Gesetz, und selbst wenn ich meiner Mutter einen Computer geschenkt hätte, wäre er mit Hausverbot belegt worden. Aber Papa wollte am Computer nichts beobachten, er wollte auch kein Handy, mit seinen dicken Fingern würde er die Tasten gar nicht treffen, und tippen würde er bestimmt nicht, er sei ja kein Bürofräulein.

Schließlich appellierte ich an seine Großzügigkeit und Liebe. »Mama wäre so glücklich. Sie wünscht es sich so sehr«, sagte ich.

»Hm«, machte er.

Eine Woche später erlaubte er den Computer. Meine Mutter war fast sechzig und wagte es nicht, sich den Computer einfach selbst zu kaufen, weil sie ihn wollte und Punkt. Obwohl mein Vater keine Ahnung von Computern hatte, war er nun der Ansprechpartner für den Administrator, den ich vermittelt hatte, damit er einen Laptop besorgte. Mit ihm konferierte mein Vater in langen Telefonaten, die Ergebnisse der Stiftung Warentest wurden besprochen, man erwog kurzzeitig einen Aldi-Computer, Siemens wäre meinem Vater am liebsten gewesen, der Administrator riet ab, und so ging es hin und her. Ich entschuldigte mich vielmals bei dem entfernten Bekannten, so hatte er sich das bestimmt nicht vorgestellt, und bot ihm an, den hohen Aufwand zu bezahlen, doch er lehnte ab. »Ältere Leute sind so. Das kenne ich schon. Und deine Eltern sind ja beide wahnsinnig nett. Mir macht das nichts aus, sie helfen mir, mich noch besser auf diese Zielgruppe zu spezialisieren.« Heute beschäftigt er mehrere Angestellte, die Senioren bei Computerproblemen betreuen.

Schließlich bekam meine Mutter den Computer und fiel meinem Vater um den Hals wie ein kleines Kind an Weihnachten. Eine Frau von fast sechzig mit eigenem Geld, eigenem Erspartem und dem kleinen Erbe ihrer Tante aus der Schweiz.

Der kleine Dienstweg

Ist es ein Wunder, dass ich Feministin geworden bin? Für mich ist es geradezu unverständlich, wenn eine Frau keine Feministin ist, denn es bedeutet, für die Rechte von Frauen einzustehen, und die sind bis heute auch bei uns benachteiligt mit ihren rund zwanzig Prozent weniger Lohn für dieselbe Arbeit, um nur eine von vielen Ungerechtigkeiten zu benennen. Sie beginnen im Kindesalter, wenn Jungen mehr Taschengeld bekommen als

Mädchen: Sie sind laut einer Kinder-Medien-Studie mit drei Euro im Minus.

Eigentlich müsste der Feminismus Menschismus heißen, denn auch Männer profitieren davon, aus ihrer starren Kerlrolle befreit zu werden. Ich glaube, dass mein Vater auf so manche Entscheidung gern verzichtet hätte, und womöglich dauerte einiges so lange, weil er sich selbst erst eine Meinung bilden musste. Schließlich glaubte er, als Familienvorstand sei das seine Pflicht.

Strikte Rollen bringen mehr Pflichten als Freuden mit sich. Es ist kein Wunder, dass meine Mutter enorme Schwierigkeiten damit hat, Entscheidungen zu treffen, ihr eigenes Leben zu leben und überhaupt: zu wissen, was ihr gefällt. Jahrzehntelang hat mein Vater für sie entschieden. Mit dieser Behinderung habe ich trotz aller Empörung selbst auch zu kämpfen gehabt. Ich wehrte mich mit allen Kräften dagegen, doch als junge Frau rang ich selbst zuweilen mit dem Handicap, dass eine Frau ohne Mann weniger wert sei. Was für eine Zeitverschwendung, anstatt sich selbst fette Fische zu angeln, einen Mann zu angeln, der einer Frau – vielleicht – etwas von den fetten Fischen abgibt, die er angelt, und dabei gern die besten Stücke behält, denn Frauen achten doch auf ihre Linie und begnügen sich mit den Resten, weil sie bescheiden sind und mit Gedöns beschäftigt: Wie angle ich einen Mann.

Wenn der Mann aber nun nicht mehr angeln kann. Wenn die Frau für sich selbst sorgen muss. Kann sie das noch lernen mit über siebzig? Immer wieder versetzte meine Mutter mich in Staunen. Und auch wenn es schrecklich klingt: Die Demenz meines Vaters verhalf ihr zu mehr Selbstbewusstsein. Allerdings dauerte dieser Prozess Jahre. Als sie erkannte, dass er zu jeder neuen Anschaffung Nein sagen würde, weil er sich darunter nichts vorstellen konnte, überfordert davon gewesen wäre, sich ein eigenes Urteil zu bilden, begann sie selbst anzuschaffen. Endlich gab sie Geld aus, ohne Rücksprache, auch größere Beträge. Beim ersten Mal zögerte sie lange. Es handelte sich um einen Staubsauger, und noch versuchte sie, meinen Vater zu überzeugen. »Der alte saugt nicht mehr richtig«, sagte sie zu ihrem Mann, weil man immer einen guten Grund braucht. Der gewichtigere Grund, dass ihr das altmodische Teil zu schwer war, zählte nicht. Der Kauf von Technik fiel nicht in ihren Bereich. In einem halben Jahrhundert Ehe hatte sich folgende Vorgehensweise etabliert: Sie meldete dem Vorgesetzten, also meinem Vater, einen Mangel. Der Vorgesetzte hörte sich die Klage ruhig an, schenkte ihr aber erst einmal keinen Glauben. Frauen übertrieben, das war bekannt. Er sah sich die Sache jedoch an, denn das war seine Aufgabe. So widmete er sich gewissenhaft und mit Sachverstand dem rapportierten Missstand, womit er zeigte, dass er ein offenes Ohr für die Beschwerde seiner Mitarbeiterin hatte. Meistens fand er einen Fehler, und der wurde behoben. Meine Mutter gab sich damit zufrieden, hielt die Frist, die sich bewährt hatte, ein und brachte ihr Anliegen erneut vor. Bei meinem Vater begann ein Abwägeprozess. Ohne darüber zu sprechen, kümmerte er sich um die Sorgen und Nöte seiner Mitarbeiterin. Er ging strategisch vor, erkundigte sich im Bekanntenkreis und bei der Stiftung Warentest, streifte durch Geschäfte. Schließlich traf er eine Wahl, die nicht unbedingt mit den Wünschen meiner Mutter, der Staubsaugerführerin, übereinstimmte. Doch selbstverständlich hätte sie nicht widersprochen, sondern sich über die Neuanschaffung gefreut.

Diesmal rang sie wochenlang mit sich und führte meinen Vater dann behutsam an das Projekt Staubsauger heran. Wollte, dass er einsah, wie schwer ihr Arbeitsgerät war und wie laut. Und außerdem alles andere als ein Energiesparmodell – wenn das keine Argumente waren! Mein Vater, der diese Fingerzeige früher verstanden hätte, reagierte nicht.

Und die Beutel seien auch so kompliziert zu wechseln.

»Das ist doch ganz einfach«, sagte mein Vater, nahm den Beutel und versuchte es selbst. Fünf Minuten lang mühte er sich, und in dieser Zeit riss wieder ein Stück im Herzen meiner Mutter. Ihr Mann. Der Ingenieur. Der Erfinder. Der Bastlerkönig. Der Alleskönner. Der Hausbauer. Der Feinmechaniker. Der Strombändiger. Der Gartenarchitekt. Der Haushaltsgeräte-Vorstandsvorsitzende. Der Problemlöser. Der Kümmerer. Verschwunden. Scheiterte an einem Staubsaugerbeutel. Wie zuvor schon am einfachen Zusammenbau eines Vogelhäuschens für den Enkel. Am Gartenzaun, wo er dem Sohn keine Hilfe war, weil er die Holzpfähle verkehrt herum in die Erde steckte. Die Zeichen mehrten sich seit Jahren. Und ich selbst benötigte ebenfalls Jahre, um die Dimension des Schmerzes zu begreifen und somit den Grund, warum man »es« verdrängte, der Tagesform zuschrieb, normal nannte – er ist ja nicht mehr der Jüngste.

Eine ehemalige Arbeitskollegin meiner Mutter nannte sie einmal Seelenwitwe und verwundete sie damit schwer. Allein das Wort Witwe versetzte meine Mutter in Panik.

Die Ehemannzipation

Die Demenz meines Vaters zeigte sich auch in einer Allergie auf neue Gegenstände. Schon eine Decke auf dem Sofa konnte ihn aus der Bahn werfen. Hier stimmte etwas nicht. Das war doch nicht mehr das alte Sofa! Sein System meldete einen Fehler bei den kleinsten Veränderungen. Meine Mutter musste bei der Anschaffung des Staubsaugers ihre diplomatischen Richtlinien überarbeiten: Der neue sollte aussehen wie der alte.

Aufgeregt rief sie mich eines Tages an. »Ich habe einen Staubsauger im Computer gefunden. Kannst du mir den bestellen?«

»Das kannst du doch selber.«

»Aber da muss man seine Kontonummer angeben. Das mach ich nicht.«

»Wo hast du den denn gefunden?«

»Bei Amazon. Er ist der beste und billigste. Ich war auf einem Preisvergleich-Portal. Papa würde den bestimmt kaufen.«

Es rührte mich, dass ihr seine Zustimmung wichtig war wie ein Segen. Kurz überlegte ich, ob ich erklären sollte, wie sie den Staubsauger selbst bestellte. Aber sie freute sich so sehr, dass sie sich durchgerungen hatte. »Schick mir einen Link«, sagte ich. »Ich bestelle ihn.«

»Und dann hole ich ihn bei dir ab.«

»Ich kann ihn gleich zu dir schicken lassen.«

»Nein, um Gottes willen! Papa darf das Paket nicht sehen, sonst regt er sich auf. Er muss glauben, dass das der alte Staubsauger ist. Der neue ist auch blau und von Siemens. Ich schätze, das merkt er nicht. Und wenn doch, dann kann ich ihn mit Topfreiniger bearbeiten und ein bisschen verkratzen, aber ich glaube nicht, dass er so genau hinschaut.«

Nein, es war nicht nötig, Papa merkte nichts. Wie man im Internet etwas bestellte, zeigte ich ihr einige Zeit später. Ich sah, dass ihr das Internet Spaß machte, doch sie beschäftigte sich nur oberflächlich damit. Ich führte ihr vor, dass sie auf Youtube Johnny-Cash-Videos ansehen, dass sie ihre Jugend lebendig werden lassen konnte mit unzähligen Filmchen von früher. Zum Computerclub vom Seniorentreff wollte sie nicht. »Ich kann Papa nicht allein lassen.« Und sie wollte auch zu keinem Computerkurs, um mehr zu lernen, sie wollte nirgendwohin, weil sie doch Papa nicht allein lassen konnte.

»Es ist wichtig, dass er sich daran gewöhnt, ohne dich zu Hause zu sein«, sagte ich nicht nur, ich predigte es und fühlte mich nicht gut dabei. Denn letztlich wusste ich nicht, ob sie ihn nicht allein lassen wollte, weil sie sonst ein schlechtes Gewissen hätte oder weil sie sich um ihn sorgte, oder ob sie das vorschob, um nicht selbst aktiv werden zu müssen, weil sie schüchtern war oder bequem oder ängstlich oder faul. Oder ob die Macht der Gewohnheit sie in ihrem Gefängnis hielt, wenngleich die Türen längst offen standen. Die Macht war stärker; die Macht der Gewohnheit ist eine der wirkungsvollsten Fesseln im Leben.

Bei Computerfragen konnte ich mich nicht allzu weit aus dem Fenster lehnen. Ihre Enkel wollte sie nicht ständig fragen, weil sie so beschäftigt waren – Schule und Sport. Weil sie nicht lästig fallen wollte.

»Bei dir ums Eck gibt es einen Computerladen«, erinnerte ich sie.

»Aber da kenne ich ja keinen.«

»In einen Laden geht man rein, und dann lernt man schon jemanden kennen und kann sehen, ob es einem da gefällt. Ich habe von dem Laden nur Gutes gehört.«

»Kaufst du da auch ein?«

»Nein, ich habe ja Apple.«

»Gehst du mit mir dahin?«

»Nein, das kannst du selbst. Du sagst, was du für ein Problem hast, und dann merkst du schon, ob sie sich gut darum kümmern, ob du dich da wohlfühlst.«

»Ich überleg's mir.«

Ich war klüger geworden, ich fragte nicht mehr nach, weil ich befürchtete, sie damit noch mehr unter Druck zu setzen. Und das war das Letzte, was ich wollte, der Alltag mit meinem Vater war anstrengend genug.

Damenwahl

Lange spielte meine Mutter mit dem Gedanken, sich einen neuen Fernseher zu kaufen. Wo doch die Fußball-WM ins Haus stand. Das würde Papa bestimmt freuen. Ohne zu zögern, schenkte sie erst mal mir einen Gutschein für einen Flachbildschirmfernseher zum Geburtstag und wollte gern dabei sein, als der Fernsehtechniker ihn installierte. Sein kleines Geschäft lag auf dem Weg von ihr zu mir, kein Elektromarkt, ein Ein-Mann-Betrieb mit schnellem Service, wie er dann auch bewies: Als es nach dem Gewitter auf dem Bildschirm regnete, kam er am nächsten Tag und trocknete die Bilder.

Meine Mutter schaute gern Fotos auf dem Fernseher an. »Weißt du eigentlich, dass du deinen Laptop mit dem Fernseher verbinden kannst?«, fragte ich sie.

»Ach, das wäre ja praktisch. Wie geht das?«

»Dazu brauchst du bloß einen Adapter.«

»Kannst du mir den besorgen?«

»Nein, da kenne ich mich nicht aus. Am besten, du fragst in einem Elektromarkt.«

»Da müsste ich nach München reinfahren. Nein, ich brauche keinen Adapter.«

»Im Internet kannst du ihn auch bestellen.«

»Aber ich weiß doch nicht, welchen. Kannst du vielleicht mal schauen?«

»Ich würde genauso recherchieren wie du.«

»Ach, ich kann ja meine Bilder weiter am Laptop anschauen.«

»Du könntest mal in dem Geschäft von dem netten Fernsehmann fragen.«

»Ach, der! Ich weiß nicht.«

»Doch, das machst du. Wenn du das nächste Mal zu mir kommst, nimmst du deinen Laptop mit und fragst ihn.«

»Wo ist das noch mal?«

»Du fährst direkt dran vorbei.«

Beim Abschied versicherte sie mir, dass sie ganz gewiss keinen Adapter brauchte, doch am nächsten Tag rief sie an: »Stell dir vor! Es hat geklappt! Ich habe den Adapter!!!«

Sie war außer sich vor Begeisterung, dass es so leicht war. »Ich bin einfach hingefahren, reingegangen, er hat sich sogar an mich erinnert, und er hat sofort gewusst, was ich brauche, neunzehnneunundneunzig, und jetzt bist du riesengroß auf dem Fernseher, das Foto von deinem Geburtstag, das schöne in dem blauen Kleid, nur anstecken und fertig.«

Als sie ein neues Telefon brauchte, zögerte sie nicht mehr, suchte im Internet, bestellte und klickte sich ohne Hilfe zu ihren Telefoneinstellungen. Mehrere Tage veränderte sie diese ständig, um zu probieren, ob es auch wirklich funktionierte, und ich sollte sie immer wieder anrufen, damit sie überprüfen konnte, ob ihre Einstellungen am Anrufbeantworter klappten, und es klappte immer. Vor lauter Freude vergaß sie, dass sie sich vom Handy aus selbst anrufen konnte. Oder vergaß sie es nicht, war es nur viel schöner und tat so gut, so unendlich gut, etwas mitteilen, etwas teilen zu können.

Als Wahlen anstanden, riet ich ihr: »Mach doch mal den Wahl-O-Mat.«

Immerhin würde diese die erste Wahl sein, bei der sie frei entscheiden könnte. Bis dahin hatte ihr mein Vater diktiert, was sie wählen sollte. Sie wäre nicht im Traum auf die Idee gekommen, in der Wahlkabine ihre Regierung zu hintergehen. Diesmal würde sie vielleicht für ihn wählen; worum es ging, erschloss sich ihm nicht mehr.

»Weißt du schon, was du wählst?«, fragte ich sie.

»Was wir immer gewählt haben.«

»Aber du hast doch stets gewählt, was Papa wählen wollte.«

»Ja, natürlich.«

»Man kann verheiratet sein und unterschiedliche Parteien wählen.«

Sie schwieg.

»Also, das wäre kein Zeichen für eine gescheiterte Ehe«, grinste ich. »Ich meine, du könntest den Wahl-O-Mat anklicken und herausfinden, was du wählen würdest, du für dich, als Einzelperson, verstehst du. Und wenn du dann das wählst, was Papa immer gewählt hat, gleicht es sich ja wieder aus.«

»Dann ist es unentschieden. Dann brauche ich gar nicht zu wählen!«, strahlte sie mich regierungstreu an, und mir schwante, dass ihr die Wahl meines Vaters nicht behagt hatte, aber da Frauen sich mit Politik nicht auskennen, hatte sie auf sein Wort gehört.

»Doch«, beharrte ich. »Unbedingt. Jetzt hast du die Wahl. Deine Wahl.«

Vorsicht ist die Mutter der Porzellankiste

Meine Mutter hält ihre Siebensachen zusammen und ihre Handtasche fest, immer schön eng am Körper, Trageriemen diagonal von Schulter zu Hüfte, der Hals als Sicherungsriegel, die Verschlüsse an der Körperinnenseite und das Portemonnaie in der mit zwei Reißverschlüssen verzahnten Innentasche. Im Auto wird nichts liegen gelassen. Die Haustür wird zweimal abgesperrt. Fenster werden geschlossen, sobald man das Haus verlässt. Diese und viele andere in meinen Augen übertriebenen Vorsichtsmaßnahmen führen dazu, dass ich selbst immer nachlässiger werde. Eine reine Protestbekundung – spätpubertär oder altersstarrsinnig? Außerdem möchte ich nicht in der feindlichen Umgebung leben, die meine Mutter unterstellt. Ich will an das Gute in meinen Mitmenschen glauben. Sie werden mir schon nichts klauen, ich klau ihnen ja auch nichts.

»Das ist kurzsichtig«, sagt meine Mutter.

»Bist du denn schon mal bestohlen worden?«

»Natürlich nicht«, erwidert sie. »Ich treffe ja Vorsorge.«

»Und ich glaube, dass man damit das Unheil anzieht.«

»Das ist gefährlich«, sagt meine Mutter. »Siehst du denn nicht fern?«

Meine Mutter sieht viel fern und weiß Bescheid. Da seit Jahren fast nur noch Krimis laufen, besteht ihre Filterblase aus einer Welt voller Betrüger, Mörder, Vergewaltiger, Räuber. Meine Mutter liest auch gern und viel. Vor allem Krimis. Je brutaler, desto besser. Als Ghostwriterin habe ich auch für Kriminalkommissare Bücher geschrieben. Oft hörte ich in ihren Kreisen, dass sie die Sendung *Aktenzeichen XY ungelöst* am liebsten verbieten würden, da sie die Bevölkerung verängstige, vor allem ältere Menschen. Und Fernsehkrimis spiegelten die Realität in keiner Weise.

»Siehst du denn nicht, dass deine Ängste von den Krimis kommen?«, fragte ich meine Mutter.

»Ich kann sehr wohl zwischen Realität und Erfindung unterscheiden«, entgegnete sie.

Als die blinde Anwältin Pamela Pabst, mit der ich ein Buch geschrieben habe, einen Gerichtstermin in München wahrnahm, fragte ich meine Mutter, ob sie mich zum Prozess begleiten wollte. Sie freute sich auf den Ausflug und fragte mich, was sie anziehen soll. »Bequem«, sagte ich. Nachdem mein Vater zu Mittag gegessen hatte, schrieb sie ihm einen großen Zettel, dass sie einkaufen wäre. Bis vor einigen Monaten wollte sie stets die Wahrheit schreiben, doch alles Ungewöhnliche regte meinen Vater auf. Gerichtstermin? Hatte meine Mutter den Mercedes beschädigt?

Ich stelle mir vor, dass diese vielen kleinen Flunkereien sehr schmerzhaft sind, denn sie vergegenwärtigen, dass der Mann kein Partner mehr, dass er zum Kind geworden ist. Der Zettel liegt neben der Thermoskanne mit Kaffee, und weil Papa so brav allein daheimbleibt, bekommt er eine Nussschnecke. Ihre Handynummer ist groß auf dem Zettel notiert – Kurzwahl Sternchen eins, und daneben steht ihr Name, Diana. Meine Eltern haben sich nie mit Mama und Papa angesprochen, wie so viele andere in ihrem Alter es seit Jahren tun. Oder mit Oma und Opa, wie meine Großeltern väterlicherseits, als das erste Enkelkind zur Welt kam.

Entwaffnend

Der Einlass des Gerichtsgebäudes erinnerte an die Sicherheitskontrollen am Flughafen. Während ich meinen Rucksack nach der Durchleuchtung aus der Plastikwanne nahm, wurde meine Mutter gebeten, ihre Tasche zu öffnen. Kurz darauf zog eine Beamtin eine Waffe hervor und hielt sie meiner Mutter vors Gesicht. Die wusste vor Peinlichkeit nicht, wohin mit sich. »Das ist der Milchstichel!«, rief sie und schaffte es mit ihrem Charme zum Mittelpunkt einer feixenden Polizeitruppe, die sie beruhigte, dass sie sich keine Sorgen machen müsse, sie würde ganz bestimmt nicht verhaftet. Staunend stand ich ein Stück abseits und beobachtete, wie sie alle um den Finger wickelte mit ihrer Naivität und charmanten Hilflosigkeit. Da waren sie mal wieder, die berühmt-berüchtigten Waffen der Frauen, und sie funktionierten auch mit über siebzig. Man möchte sie in den Arm nehmen, ihr die Hand tätscheln, ihr ein Bonbon anbieten. Wie einem kleinen Mädchen, das seine Milchflasche verloren hat. Als junge Frau hätte Mann sie wahrscheinlich am liebsten geküsst und natürlich beschützt. Treuherzig berichtete meine Mutter den etwas schwerer munitionierten Beamten, die sie jedoch längst alle entwaffnet hatte, dass sie den Stichel, der normalerweise dazu verwendet wird, Kondensmilch zu öffnen, ganz vergessen hatte. Vor Jahren hatte sie ihn in ihre Handtasche gesteckt – für den Notfall. »Wenn ich mal im Dunkeln nach Hause gehen würde, habe ich mir gedacht, nehme ich ihn in die Hand, und wenn dann was passiert, könnte ich mich wehren.«

Eine Polizistin beglückwünschte meine Mutter zu ihrem Erfindungsreichtum, riet ihr jedoch zu Pfefferspray.

»Das brauch ich jetzt nicht mehr«, sagte meine Mutter. »Ich geh ja im Dunkeln nicht mehr raus.«

»Warum eigentlich nicht?«, erkundigte ich mich später.

»Weil Papa nicht mehr mitkommt.«

»Ach so. Und er hätte dich beschützt?«

»Natürlich.«

»Hättest du Lust, mal zu einem Selbstverteidigungskurs zu gehen?«

»Nein, so was brauch ich nicht.«

»Ich hab mal einen gemacht. War super.«

»Wenn du mitgehst, mache ich einen.«

»Ich hab ja schon einen gemacht.«

»Ich brauch keinen. Weil ich meistens zu Hause bin.«

»Ja, sicher«, sagte ich.

»Glaubst du, ich kann mal zur Toilette?«, fragte sie mich.

»Ja.«

»Weißt du, wo die ist?«

»Ich war hier auch noch nie.«

»Kannst du mitgehen?«

»Klar«, sagte ich und führte sie für kleine Mädchen.

Meine Eltern fahren schon lange nicht mehr in den Urlaub. Sie sind immer zu Hause und machen nicht den Eindruck, Tapetenwechsel zu benötigen. Die Tage werden ja auch immer kürzer, an denen man die vertraute Tapete sehen kann. Ich habe den Eindruck, je älter meine Mutter wird, desto eher bricht die Nacht herein. Besorgungen werden am Vormittag erledigt. Eines Tages wird die Nacht am helllichten Mittag vor der Tür stehen.

Als mein Neffe ein Praktikum machte, erzählte mir meine Mutter: »Es fängt abends an.«

Nachtschicht? »Als Schüler?«, wunderte ich mich. »Wann beginnt denn sein Dienst?«

»Um drei.«

»Um drei in der Früh? Also mitten in der Nacht?«

»Um drei am Nachmittag.«

Drei ist eine Zeit, da verlässt man zumindest im Winter das Haus ganz bestimmt nicht mehr, weil man dann in die Dämmerung und Dunkelheit geraten könnte, und ob da der Milchstichel noch hilft? Natürlich würde meine Mutter nachts das Haus verlassen, aber nur in Begleitung oder in einer Notlage. Der Fall, dass sie beim Kochen – wobei sie abends selten kocht – merkt, dass etwas fehlt, und noch einmal einkaufen müsste, ist so unwahrscheinlich, dass mir jetzt nicht mal ein Beispiel einfällt.

Nun ist es nicht so, dass ich selbst mir keine Zeitverschiebung vorstellen könnte. Ich habe es am eigenen Leib erfahren. Früher, ja früher, da war Mitternacht noch früh! Heute habe ich um Mitternacht meine erste Runde Tiefschlaf hinter mir. Das hätte ich mir einst nicht träumen lassen, als das Nachtschwärmen zur Lebensqualität zählte. Und nie, nie, niemals hätte ich mir vorstellen können, das einmal freiwillig aufzugeben. Dann wäre ich ja wie tot, also alt.

Trau, schau, wem

Liegt es wirklich nur am Alter, dass Senioren vorsichtiger und ängstlicher sind als andere Bevölkerungsgruppen? Oder sind die Medien schuld, die so oft über alte hilflose Frauen berichten, denen die Handtaschen geraubt werden, und vor Betrügern warnen, die Senioren mit dem Enkeltrick und anderen Abscheulichkeiten um ihr Erspartes bringen? Staunend las ich in einem Polizeibericht, dass zahlreiche Studien zu dem Ergebnis kommen, dass Senioren nicht furchtsamer sind als Menschen mittleren Alters. In Bezug auf Kriminalität sind Senioren deutlich weniger belastet, als Jüngere das annehmen. Tatsächlich ist bei älteren Menschen das Risiko, Opfer von Kriminalität zu werden, geringer als bei jüngeren.

Habe ich einen Strafzettel verdient, weil ich Vorsichtigkeit mit Ängstlichkeit verwechselte? Weil übertriebene Vorsicht in meinem Umfeld nicht en vogue ist? Ich sollte meine Mutter darin bestärken, sich so zu verhalten, dass sie sich sicher fühlt. Womöglich setzt sie meine Unvorsichtigkeit mit Dummheit gleich und behält das für sich, weil sie höflicher ist als ich. Wer seine Urlaubsfotos postet, lädt Einbrecher ein. Das kann meinen Eltern schon mal nicht passieren. Erstens fahren sie nicht in Urlaub, zweitens surfen sie nicht mit sozialen Medien. Wer selten vor die Tür geht, gibt den Kriminellen wenig Chancen. Das erklärt auch, warum, was Gewaltdelikte betrifft, keine Phase des Erwachsenenlebens als so sicher gilt wie das höhere Alter. Einige wenige Straftaten werden an Senioren häufiger begangen, dazu zählt der Handtaschenraub. Doch weil viele ältere Menschen damit rechnen, beugen sie – im Unterschied zu jüngeren Menschen, vor allem jüngeren Männern – besser vor. Sie neigen nicht dazu, sich zu überschätzen, sondern können eine Situation gut beurteilen und Gefahren aus dem Weg gehen. Von Seiten der Polizei wird betont, dass Ältere durch ihr Verhalten einen aktiven Beitrag dazu leisten, in der Kriminalstatistik als Opfer selten aufzutauchen. Sie sind nicht ängstlicher, sondern vorsichtiger.

Anstatt meiner Mutter also einzureden, dass die Welt gut ist, sollte ich ihre doppelte Sicherung der Handtasche kopieren. Vorsicht ist die Mutter der Porzellankiste! Wenn ich bedenke, dass ein älterer Mensch sich körperlich oft unterlegen fühlt – er kann ja nicht mehr so gut hören, sehen, nicht mehr so schnell laufen, ist vielleicht unsicher auf den Beinen –, verwundert es nicht, wenn achtsamer mit den eigenen Ressourcen umgegangen wird. Denn alles andere wäre dumm. Und wenn ich ganz ehrlich bin, muss ich zugeben, dass ich auch anders mit meinen Kräften haushalte als früher.

Das gefühlte Alter

Um ältere Menschen besser zu verstehen, ist es hilfreich, nicht automatisch davon auszugehen, dass das Körpergefühl einer Siebzigjährigen dem einer Fünfzigjährigen entspricht. Ich fühle mich zwar ziemlich vital, treibe Sport und bin jeden Tag mit dem Hund unterwegs. Dennoch bin ich nicht mehr so fit wie mit zwanzig oder mit dreißig, was mir aber in meinem Alltag nicht auffällt.

Ich glaube, wenn ich für fünf Minuten noch mal das Körpergefühl einer Zwanzig- oder Dreißigjährigen genießen dürfte, wäre ich erschüttert. Was für eine Energie, welche Spannkraft. Das ist so lange her, dass ich mich nicht daran erinnern kann, und außerdem kann man sowieso keine vergangenen Gefühlszustände heraufbeschwören, gerade mal ahnen, dass man sie hatte, das ist wie mit dem Wetter. Wenn es zehn Grad minus hat, weiß ich zwar theoretisch, dass es irgendwo dreißig Grad plus hat, manchmal sogar an meinem Wohnort, aber ich kann die Wärme nicht spüren. Mit dreißig habe ich mich gewiss geschmeidiger bewegt. Ich stand schneller und leichter auf. Ich hätte kein Problem, einfach so loszurennen und einen Purzelbaum zu schlagen. Der würde mich heute Überwindung kosten. Beim Skifahren hätte ich nicht daran gedacht, dass ich mir etwas brechen könnte. Manchmal, wenn ich an meiner Lieblings-Gassistrecke entlanglaufe, balanciere ich über einige Steine in einem Bachbett. Je nach Wasserstand ist das eine Herausforderung. Zuweilen bekomme ich Herzklopfen. Früher wäre ich, ohne nachzudenken, leichtfüßig von Stein zu Stein gesprungen.

Ich erinnere mich an eine Nacht in der Disco vor Jahrzehnten mit meiner Freundin Gabi, als ich um zehn Uhr abends noch nicht müde war, sondern einen Espresso trank, um gegen elf Uhr das Haus zu verlassen. Die Disco heißt heute Club und kann mich um diese Uhrzeit nicht vom Sofa locken. Um zehn, da denke ich über den Sound meiner Zahnbürste nach und über die Choreografie ins Bett.

Gabi und ich beobachteten eine uralte Frau auf der Tanzfläche, heute vermute ich, sie war noch keine fünfzig. Wir waren uns einig: So würden wir später auch mal sein, na klar. Wir würden ganz bestimmt nicht zu den ollen Langweilern gehören, die, kaum über dreißig, nie mehr ausgingen, schon gar nicht tanzten, keine Nacht zum Tag machten.

Heute erinnere ich mich nicht mal mehr an meine letzte durchgemachte Nacht. Aber ich räume mir mildernde Umstände ein, denn seit vielen Jahren wohne ich auf dem Land, und zwar so ruhig, dass es sogar an den Bordsteinen mangelt, die hochgeklappt werden könnten. Klar könnte ich in die Stadt fahren, ist gar nicht weit. Aber je höher das Lebensalter, desto mehr Berge liegen zwischen meinem Wohnort und der Stadt, besonders abends und erst recht nachts.

Das vergegenwärtige ich mir, bevor ich meiner Mutter erkläre, dass überhaupt nichts dabei ist, abends außer Haus zu gehen. Auch allein. Aber ohne Papa hat sie, so vermute ich, nur ein Bein. Und ich, ich bin auch nur eine Krücke. Eine lahme noch dazu. Ist es nicht ein Zeichen für Reife, eben nicht ständig wegzurennen, sondern mal stehen zu bleiben? Da zu bleiben, wo man sich wohlfühlt? Man kann auch zu Hause flügge sein.

Und so stoße ich immer wieder auf die Erkenntnis, dass ein späteres Lebensalter als das eigene kaum vorstellbar ist, ja, es ist schwer genug, sich an die Gefühle der Jugend zu erinnern, sonst hätte man nicht so viele Schwierigkeiten mit seinen pubertierenden Kindern.

Ich stelle mir das Leben als Spiralkreis vor, den man im Alter vollendet – wenn man Glück hat. Zuerst geht es von innen nach außen um Expansion, immer weitere Runden zu ziehen.

Eines Tages ändern wir die Richtung: Wir erweitern den Radius nicht mehr, er wird enger. Das Haus auf dem Land für die ganze Familie wird gegen eine Wohnung in der Stadt getauscht, ein kleines Auto genügt, Möbel und Tand werden verschenkt, es fühlt sich gut an, Ballast abzuwerfen, denn im Alter ist man des Tragens müde. Je deutlicher sich das Leben seinem Ende zuneigt, desto enger werden die Kurven. Ein Neunzigjähriger erzählte mir einmal, wie viel Freude es ihm bereite, den Buchfinken vor seinem Fenster zuzusehen. Es waren nicht nur ein paar Vögel für ihn, es war eine ganze Welt; genauso wie damals, als er noch ein kleines Kind war. In meinem Alter schmerzt mich die Vorstellung, mein Leben auf Buchfinken zu reduzieren, wenngleich ihr Name an meine heutige Profession erinnern mag. Doch ob es mich im Alter noch stören würde? Womöglich würde ich die ganze Schönheit der Welt in der Beobachtung der Vögel erkennen und mehr: dass ich mein Leben lang auf der Suche nach Antworten war, die in all den Jahren vor meinen Fenstern gezwitschert wurden. Ich war bloß zu beschäftigt, sie zu hören. Vielleicht nimmt man im Alter eher das wahr, worauf es ankommt? Wenngleich es immer schwerer wird, dieser Lebensphase froh gestimmt entgegenzublicken. Manche stecken den Kopf in den Sand, andere betäuben ihn mit Botox. Bloß nicht bei Pflegenotstand in einem Heim seinem Ende entgegenvegetieren. Jeder wünscht sich, bei guter Gesundheit alt zu werden. Nur sein will es keiner. Bewusst alt zu werden, dieses faszinierende Neuland zu betreten, ist ein Geschenk und natürlich ein ganz großes Geheimnis. Wie viel Zeit habe ich noch? Wie geht das, alt werden? Oder andersherum gefragt: Seit wann bin ich schon so uralt wie in den Augen von Kindern und Jugendlichen? Seit meinem zwanzigsten, fünfundzwanzigsten Jahr?

Genau das liebe ich am Alter. Man braucht nur an den Zahlen zu drehen, und sofort wechselt die Perspektive. Und alles, was ich mir heute ausdenke für später, spielt dann vielleicht überhaupt keine Rolle, weil sich die Gegebenheiten geändert haben. So klingt die Dramaturgie der wirklich spannenden Bücher: Sie gehen anders aus als erwartet!

Das bezifferte Alter

Im Alter bilden sich viele Fähigkeiten zurück, was mit gezieltem Training von Gedächtnis, Konzentrationsfähigkeit und Lernvermögen kompensiert werden kann. Ein bewusster Umgang mit zu erwartenden Einschränkungen vermindert die Gefahr, aus übergroßer Vorsicht und Ängstlichkeit nichts Neues mehr zu wagen, den eigenen Spielraum immer mehr schrumpfen zu lassen und dann am Ende vielleicht als Karikatur eines alten Menschen wahrgenommen zu werden, dessen ausgeprägte Ichbezogenheit nur noch im eigenen Suppenteller kreist.

Eine Alters-Persönlichkeit setzt sich aus vielen sich gegenseitig beeinflussenden Faktoren zusammen. Wie haben wir gelebt, welche Schicksalsschläge mussten wir verarbeiten? Wie ist es mit unserer Fähigkeit zur Resilienz bestellt? Leben wir allein oder im Kreis einer Familie, mit oder ohne Partner, in sicheren finanziellen Verhältnissen, mit oder ohne Haustier und so weiter. Letztlich kommt es darauf an, wie wir mit den Einschränkungen umgehen, die uns das hohe Alter abverlangt. Üben können wir frühzeitig, Alterserscheinungen sind bereits im ersten Lebensdrittel erkennbar. Wenn wir uns auf die naturgegeben nachlassenden Fähigkeiten konzentrieren, besteht die Gefahr, uns von der Außenwelt abzuwenden. Nicht wenige ältere Menschen richten ihre Aufmerksamkeit vor allem auf ihre Befindlichkeitsstörungen und Krankheiten, sie neigen zur Somatisierung: Der Körper wird zur Krisenregion. Neues wird rigoros abgelehnt, die gute alte Zeit glorifiziert, Tage müssen nach dem immer gleichen Muster ablaufen, wenn sich etwas verändert, wird mit Furcht reagiert. Wie wir alt werden, liegt nicht nur in der genetischen Disposition, sondern natürlich auch im Leben davor begründet. Jedenfalls ist es für die Umwelt schwierig, die Starrheit des Alters nachzuvollziehen, übrigens nicht nur für jüngere Menschen, sondern auch für Altersgenossen, die flexibler sind. So enden manchmal jahrzehntelange Freundschaften. Man hat sich auseinandergelebt, weil der eine geschmeidig geblieben ist, nicht nur körperlich.

Wer schon immer ein wenig schüchtern war, wird im Alter wahrscheinlich noch zurückhaltender werden. Das Alter verstärkt unsere Eigenheiten, was gerade bei zu Wutanfällen neigenden Menschen eine große Belastung für die Umgebung sein kann. So werden sparsame Menschen geizig, mitteilsame schwatzhaft, und vorsichtige neigen zu Ängstlichkeit. Wenn man sich das in jüngeren Jahren vergegenwärtigen würde, könnte man vielleicht entgegenwirken? Wie heißt es so treffend: *Use it or lose it.* Nutze eine Fähigkeit oder verliere sie. Wenn ich in meinem Alter nicht mindestens einmal im Jahr einen Purzelbaum schlage, werde ich irgendwann keinen mehr machen können. Meistens merkt man die Einbußen seiner Möglichkeiten erst, wenn es zu spät ist. Die eigenen Eltern oder andere ältere Menschen zu beobachten und zu befragen wäre eine Fortbildungsmaßnahme für mehr Lebensfreude im Alter. Dazu muss ich jedoch näher rücken, darf nicht Abstand halten, weil ich befürchte, Alter sei ansteckend. Den Keimling trage ich in mir, und er wächst ganz von selbst. Wie? Ich glaube nicht mehr, dass ich mein Schicksal in der Hand habe, wie früher einmal. Man muss schon auch Glück haben. Ob das nun wiederum zufällig verteilt wird, ist eine Glaubensfrage. Liegt es an mir selbst, am lieben Gott, am guten Karma oder der Sternenkonstellation bei meiner Geburt? Da ich das nie wissen werde, ist es letztlich egal. Viel interessanter ist der Spielraum jenseits der vererbten Eigenschaften. Gene beeinflussen nicht nur unsere äußere Erscheinung. So gibt es beispielsweise einen genetisch vererbbaren Hang zur Abenteuerlust und auch einen zur Harmoniebewahrung. Und hier hat meine schüchterne Mutter wahrscheinlich mehrfach laut »Hier« gerufen.

Vielleicht ist es im Alter tatsächlich schon eine Leistung, aufgeschlossen zu bleiben für Neues. Vieles, was in jungen Jahren ganz selbstverständlich erscheint, bedarf einer besonderen Überwindung, ist anstrengend. Wenn ich manchmal Gefahr laufe, mich über ein sehr langsam fahrendes Auto aufzuregen, und darin einen weißen Kopf entdecke ... Wenn ich es im Supermarkt eilig habe und arthritische Rentnerinnenfinger in ihrer Geldbörse herumstochern, die sie vorher – als wären sie vom Zahlvorgang an der Kasse eiskalt überrascht worden – umständlich aus ihren diebstahlgesicherten Handtaschen zogen ... Wenn ich mich dabei ertappe, zu wünschen, die alte Dame möge ihr Portemonnaie doch bitte der Kassiererin reichen, damit sich meine Wartezeit verkürzt ... Dann verpasse ich eine gute Gelegenheit, mich auf mein eigenes Alter vorzubereiten. Sollte ich mich nicht freuen, wenn sich die alte Dame die Zeit nimmt, eigenhändig zu bezahlen, anstatt aufzugeben? Wenn sie sich nicht gedrängt fühlt von einer ungeduldigen Jugend – die in meinem Fall selbst schon in die Jahre gekommen ist. Wenn sie ein Zeichen setzt gegen die Leistungsgesellschaft und den Wartenden die Gelegenheit gibt, zu erkennen, dass sie mit Ungeduld nichts erreichen, ja dass sie ihre Lebenszeit verschleudern. Anstatt die Lungenkrebsbildchen im Zigarettenregal zu studieren und Vorsätze für die eigene Gesundheit zu fassen oder als Frauen ein wenig Beckenbodentraining zu betreiben, das schadet nie. Oder bewusst zu atmen – es gibt so viele Möglichkeiten, Wartezeit aktiv zu nutzen, ist sie nicht ein

Geschenk? Dieses Geschenk machen uns die mutigen Senioren, die mit ihren Gehstöcken für die wahren Werte fechten und mit ihren Rollatoren den Weg in die Hektik blockieren. Hoffentlich, hoffentlich, hoffentlich kann ich es einmal so sehen und standhaft bleiben und mein Portemonnaie in meinen eigenen Händen behalten.

Gewissensfragen

Häufig vertuschen Ältere ihre schwindende Vitalität. Man möchte nicht, dass es einem die anderen anmerken, so ähnlich wie im Tierreich, wenn alte, kranke Tiere ihre Schwäche verbergen, um nicht ausgestoßen zu werden. Aber die eigene Mutter kann ich ja mal fragen.

»Bist du eigentlich ein bisschen ängstlicher als früher?«

»O ja! Ganz bestimmt.«

»Und woran liegt das? An Aktenzeichen XY?«

»Nein, das schaue ich mir gar nicht mehr an. Denn ich weiß ja, dass das wahr ist. Und so was will ich gar nicht wissen.«

»Wieso dann ängstlicher?«

»Weil ich nicht mehr so gelenkig bin. Beim Spazierengehen fühle ich mich an manchen Tagen … also steif möchte ich nicht sagen, aber nicht mehr so schwungvoll wie früher. Und wenn der Untergrund schwierig ist oder vor allem, wenn es glatt ist. Da will ich lieber nicht mehr rausgehen.«

»Aber wenn du schön langsam gehst. Was soll da schon passieren? Und man bricht sich ja nicht gleich was, wenn man hinfällt.«

»In meinem Alter vielleicht schon. Und dann müsste ich ins Krankenhaus. Und wer würde sich dann um Papa kümmern?«

Ich versuche meine Betroffenheit zu überspielen. »Dir passiert schon nichts, Mama.« Und füge hinzu: »Du bist ja vorsichtig.« Und in dem Moment bin ich sehr froh, dass sie das wirklich ist. Und dann wird mir klar, dass ich meine Freiheit auch ihrer Vorsicht verdanke, zugespitzt formuliert ihrer Unfreiheit. Was täte ich, wenn sie plötzlich ihre Flügel ausbreitete und davonflöge, mich vorher vielleicht kurz anriefe: Ich gehe in die Stadt, ich habe ein Yogaseminar auf Sylt gebucht, ich will ins Museum, ich fahre drei Tage in ein Wellnesshotel, ich mache eine Städtereise, ich lerne Englisch auf Malta. Kannst du dich derweil um Papa kümmern?

Wenn sie alle meine Ratschläge beherzigen würde, müsste ich mich über diesen Auftrag freuen. Denn habe ich das nicht regelrecht gepredigt: Denk doch mal an dich. Aber wenn sie das getan hätte, würde ich blöd schauen und auch mein Bruder und meine Schwägerin und die Enkel. Unser aller Leben würde sich gravierend verändern, wenn wir überhaupt bis hierhin gekommen wären. Vorbei wäre es mit meiner Freiheit, so oder so. Gewiss könnte ich mich zu Papa setzen und ihn beaufsichtigen, aber nicht täglich, und ich möchte auch nicht bei meinen Eltern einziehen. Ich könnte andere Lösungen suchen, eine aushäusige Betreuung organisieren. Das würde sicher viel Zeit kosten und noch mehr Nerven. Zum einen müsste ich selbst mir das fantasievoll schönreden, damit ich noch in den Spiegel schauen könnte. Oder mit einem sehr schlechten Gewissen leben, und dann könnte ich keine guten Bücher mehr schreiben. Zum anderen müsste ich Papas Fassungslosigkeit aushalten, sein verständnisloses Gesicht, den fragenden Blick, den ich niemals beantworten könnte, weil er selbst keine Einsicht in seinen Zustand hat. Und so würde er in dieser entsetzlichen Orientierungslosigkeit verharren, in die ich ihn verbannte, weil ich ihm seine letzte Sicherheit raubte. Er würde nicht bei Fremden bleiben wollen und die Welt nicht mehr verstehen, in der ihn seine Tochter verrät, hintergeht, aussetzt. Meine einzige

Hoffnung wäre es, dass er schnell vergäße und sich gut einlebte an seiner … Endstation. Und trotzdem wäre mein relativ unbeschwertes, schönes und ziemlich sorgenfreies Leben beendet, denn ich hätte mir Schuld aufgeladen. Die meine Mutter von mir abhält, indem sie es aushält, dass sich ihr Ehemann in ein gut gelauntes Kind verwandelt, das mit dem Finger aus dem Fenster zeigt und sagt: Schau mal, da geht jemand. Dass er ihr nachläuft wie am Rockzipfel, über Dinge lacht, die Kinder lustig finden. Wenn der Hund zu Besuch ist, miaut er ihn an. Den Schafen, die manchmal in Nachbars Garten stehen, schickt er ein Mäh. Also, was jetzt? Will ich, dass meine Mutter flügge wird, oder soll sie schön brav zu Hause bleiben und dort schön brav funktionieren mit vor Treue, Verantwortungs- und Pflichtbewusstsein gestutzten Flügeln, damit ich weiterleben kann wie bisher. Und weil sie ja sowieso immer daheim ist und quasi nichts Dringendes zu tun hat, kann sie auch jede Menge für mich erledigen:

Mama, gehst du zufällig später einkaufen, kannst du mir bitte …

Mama, ich hab heute Termine in der Stadt, kann ich den Hund bringen?

Mama, kannst du, wenn wir im Urlaub sind, die Blumen gießen?

Mama, kannst du für mich zur Post?

Mama, ich wollte ins Yoga, kannst du Gassi mit dem Hund gehen?

»Ja, natürlich«, sagt sie. Und mehr noch: »Gern.« Sogar wenn es regnet. Bei Wetterlagen, in denen man keinen Hund vor die Tür jagen würde, stemmt sie sich gegen den Wind, und der Hund schaut sie verzweifelt an. Sieht sie es denn nicht? Er ist ein Hund, kein Seehund. Er hasst Nässe! Aber meine Mutter ist gewissenhaft. Fünfundvierzig Minuten werden absolviert, besser sechzig, und danach fragt sie mich anteilnehmend, ob es schön im Yoga gewesen sei, und berichtet mir den Zustand der

Hinterlassenschaften des Hundes, die sie einem kritischen Blick unterzieht, ehe sie sie eintütet und entsorgt. Früher hat sie die Windeln ihrer beiden Enkel gewechselt. Die sind nun flügge. Und sie? Bleibt zurück im Nest mit dem flügellahmen Partner. Soll ihn aber, das verlangt die Tochter, allein lassen, damit es ihr besser geht, weil die Tochter das glaubt, weil es ihr selbst in dieser Situation dann besser ginge, was eine Vermutung ist, da sie rund zwanzig Lebensjahre von ihrer Mutter trennen. Vielleicht sollte ich sie mal direkt fragen.

»Sag mal, Mama, wann geht es dir gut, wann ist ein Tag ein schöner Tag für dich?«

»Ein schöner Tag?«, wiederholt sie, und ich höre, dass sie schon Ewigkeiten keinen schönen Tag mehr erlebt hat. Lange muss sie nachdenken und schweigt noch immer. Das halte ich kaum aus.

»Ich meine, wenn du abends im Bett liegst und denkst, ja, das war heute ein schöner Tag«, erkläre ich, als hätte sie mich nicht verstanden.

»Ich denke jeden Abend beim Schlafengehen an den Tag«, entgegnet sie schließlich, zögert. »Was gewesen ist. Ich gehe alles noch mal durch«

»Und wann ist es schön gewesen?«

»Wenn es mal eine Abwechslung gegeben hat. Weil alles ja immer gleich ist.«

»Was für eine Abwechslung?«, frage ich.

Sie erzählt, dass meine Schwägerin am nächsten Tag zu Ikea fährt und sie gefragt hat, ob sie mitkommen möchte. Durch Möbelmärkte bummelt sie gern, da gibt es so viel anzuschauen.

Die Ermahnung liegt mir auf der Zunge, dass sie erwachsen und nicht abhängig davon ist, dass meine Schwägerin oder ich sie irgendwohin mitnehmen wie ein Kleinkind, einen Regenschirm, eine Handtasche. Dass sie auf ihren eigenen zwei Beinen dorthin gehen kann, wo es ihr gefällt. Dass sie selbst ihr

Leben in der Hand hat. Also genau das, was mich mittlerweile regelrecht wahnsinnig macht. Und gleichzeitig vorm Wahnsinn schützt, denn indem sie darauf verzichtet, muss ich mich nicht darum kümmern. Ist also ihre Verweigerung vielleicht gar keine, steckt da nicht etwas viel Größeres dahinter als der Egoismus, es sich gut gehen zu lassen? Liebe womöglich?

Klassentreffen

Es war mal wieder Klassentreffen, beim letzten war ich verreist gewesen, nach zehn Jahren war ich wieder dabei. Diesmal fragte ich mich, wie viele wohl kommen würden. Eine Mitschülerin war bereits gestorben, und zwei hatten mit Krebs gekämpft. Das reservierte Nebenzimmer des Wirtshauses war zu groß für uns. Von vierunddreißig Eingeladenen – geburtenstarke Jahrgänge, große Klassen! – waren gerade mal achtzehn anwesend. Kein einziges Gesicht erkannte ich auf Anhieb, doch, dahinten in der Ecke, das musste Christine sein, mit ihr und vierundvierzig anderen Kindern in einer Klasse war ich eingeschult worden und hatte lesen gelernt. Und nun unterhielten wir uns über Wechseljahrbeschwerden und – die Eltern. Nein, das hätte ich mir früher nicht träumen lassen. Bei den ersten Klassentreffen wurden Fotos der Freunde herumgereicht, weiter ging es mit mein Auto, mein Haus, mein Kind. Dann kamen die ersten Scheidungen. Und jetzt also die alternden Eltern. Dass die noch mal so eine Rolle spielen würden, bei zweien aus unserem Kreis, die sie pflegten, sogar die Hauptrolle.

Nach einer wilden Pubertät, in der ich meine Eltern oft zur Hölle wünschte, war unsere Beziehung mit meinem Erwachsenwerden »normal« geworden. Da wir in derselben Stadt lebten, sahen wir uns hin und wieder auch spontan, man traf sich bei Familienfeiern, und wann immer ich Hilfe brauchte, waren sie da, ob bei einem Umzug, bei Besorgungen oder als Hundesitter. Ich kümmerte mich in diesen Jahren wenig um sie, sie kamen allein klar, und so war es bei meinen Klassenkameradinnen im

Großen und Ganzen auch. Doch irgendwann kippt die Kind-Eltern-Beziehung. Das Kind, das jahrelang Erwartungen hegte, elterliche Dienstleistungen und gute Ratschläge in Anspruch nahm, erkennt – häufig mit an Ignoranz grenzender Verspätung – die zunehmende Bedürftigkeit der Eltern, die manchmal nur von einer modernen Welt überfordert sind. Stichwort Handy oder es sticht im Rücken, Papa braucht Hilfe beim Reifenwechseln. Es können aber auch schwerwiegendere Probleme auftreten, die den Jungen, die selbst schon alt sind, nicht gefallen, weil sie Zeit kosten, den reibungslosen Alltag stören und manchmal auch finanzielle Belastungen darstellen. Manche meiner Schulkameradinnen mussten deutlich früher ran als ich, weil die Eltern erkrankten. Meine waren immer gesund, eigentlich verblüffend gesund für die Hungerzeiten, in denen sie aufwuchsen. Doch dass ihr Alter mir so viele Baustellen eröffnen würde, und was für welche, das hatte ich nicht erwartet. Und dabei kam ich noch gut weg.

Christines Mutter, derselbe Jahrgang wie meine, hatte sich noch nie in ihrem Leben um Geld gekümmert. Das Finanzielle regelte ihr Mann. Wenn sie ihn fragte, ob noch genug da sei, sagte er stets: »In Hülle und Fülle.« Sie hatte keine Ahnung, wie viel das wäre, ob es mehrere Konten gäbe, dafür war ihr Mann verantwortlich wie sie für die Küche und den Haushalt. Dann erlitt er einen Schlaganfall, und Christines Mutter hatte nach einer Woche kein Bargeld mehr. Am Monatsersten hatte sie stets achthundert Euro bekommen. Woher hatte ihr Mann das Geld geholt? Natürlich, von der Bank, aber wie genau machte man das? Christines Mutter hatte keinen blassen Schimmer und schämte sich vor ihrer Tochter in Grund und Boden. In der Hoffnung, ihr Mann käme bald wieder nach Hause, lieh sie sich Geld von einer Nachbarin. Doch dann musste sie ihrer Tochter beichten, und Christine fiel aus allen Wolken. Noch dazu zeigte sich ihre Mutter nicht einsichtig, sondern beharrte darauf: »Geldangelegenheiten sind Männersache.«

»So etwas habe ich schon öfter gehört«, erinnerte ich mich. »Zum Glück ist das bei meiner Mutter anders, ich glaube, das hat sie immer geregelt, weil sie einen Bürojob hatte.«

»Ja, vielleicht«, sagte Christine. »Mein Vater war bei einer Versicherung tätig. Jedenfalls hat sich herausgestellt, dass er seit Jahren keinen Durchblick mehr hatte. Zum Beispiel hat er jeden Überweisungsträger mit einer Spendenbitte ausgefüllt. Ich schätze, er hat mehrere zehntausend Euro gespendet, und da ein Spender immer wieder angeschrieben wird, hat er immer wieder überwiesen. Er hat die Briefe für Rechnungen gehalten.«

»Und deine Mutter?«

»Die hat in ihrem Leben noch keine Überweisung ausgefüllt oder einen Geldautomaten bedient.«

Christines Mund war nur noch ein Minusstrich. »Das Girokonto ist überzogen bis zum Anschlag, er hat einen Kredit am Laufen, von dem meine Mutter nichts wusste, obwohl sie den Antrag mit unterschrieben hatte. Sie hat alles unterschrieben, was mein Vater ihr vorgelegt hat, ohne es durchzulesen. Er hat gesagt: Unterschreib da – und sie hat es getan. Es fehlen fast fünfzigtausend Euro, das müssen sie irgendwie von der Rente abbezahlen, was aber nicht möglich ist, ohne ihre kleine Wohnung zu verkaufen. Also versuche ich ihnen unter die Arme zu greifen, was auch Folgen für meinen Sohn hat, der jetzt in München studieren muss statt in Marburg, weil wir uns das sonst nicht leisten können. Er wird zu Hause wohnen bleiben in seinem Kinderzimmer oder jobben, aber das wird hart im Medizinstudium.«

»Das ist ja schlimm für deine Mutter!«

»Nicht nur für sie«, erinnerte Christine mich. Ihre Augen waren nur noch Schlitze; Schießscharten, dachte ich.

»Und du hast nichts gemerkt?«

»Wie denn? Alles war ja wie immer. Und so was fragt man

seine Eltern doch nicht, oder? Man geht schließlich davon aus, dass sie erwachsen sind.«

»Ja, eigentlich schon … obwohl … vielleicht gilt das auch nur bis zu einem gewissen Alter.«

»Am meisten ärgert es mich, dass sie das vor mir verborgen haben.«

»Aber sie wussten es doch gar nicht.«

»Ach, hör doch auf«, ranzte Christine mich ein klein wenig an, und ich spürte ihren Frust. »Meine Mutter hat ferngesehen und Zeitung gelesen, sie hat in unserer Welt gelebt, sie muss doch gewusst haben, dass ihr Verhalten absurd ist.«

»Und jetzt?«

»Ich bin mit ihr zur Bank und habe ihr erklärt, wie sie den Geldautomaten bedienen soll. Wie einem kleinen Kind!« Christine war noch immer wütend. »Wie kann man sich nur so gehen lassen!«, rief sie. »Ich kann doch nicht alles meinem Mann überlassen! Was ist denn das für eine bescheuerte, idiotische, dumme, faule Haltung!«

»So sind sie eben«, sagte ich.

»Nein«, widersprach Christine. »Nicht *sie* sind so. Meine Mutter ist so. Ich habe mich für sie geschämt, weißt du, wie sie da in der Bank stand, ihre riesengroße Handtasche unter dem Arm, die sie immer dabeihaben muss, und die konnte sie auch nicht loslassen.«

»Was ist denn da drin?«

»Taschentücher, weil die Nase mal laufen könnte, Pfefferminz, weil man mal Mundgeruch haben könnte, Lesebrille, weil man mal was Kleingedrucktes entziffern müsste, Ausweis, weil man in eine Personenkontrolle geraten oder etwas passieren könnte, Notizblock, weil man mal was aufschreiben können müsste, ein Liebesroman, weil man mal warten können muss, feuchtes Toilettenpapier, weil mal was sein könnte, Desinfektionsspray, weil man mal …«

Ich lachte.

»Das ist nicht lustig!«, rief Christine.

»Ja, weil es deine Mutter ist«, sagte ich. »Mensch Christine, vielleicht werden wir auch mal so!«

»Niemals. Und wenn, dann hoffe ich, dass mir das jemand sagt, und dann schmeiß ich mich vor den Zug.«

»Tu das nicht«, ermahnte ich sie. Ich habe einmal ein Buch über das Kriseninterventionsteam KIT geschrieben und weiß, dass Selbstmorde weitere Opfer nicht nur unter den Angehörigen fordern. »Denk an den Zugführer. Der kann nichts dafür.«

Das brachte sie zur Vernunft. »Vielleicht bin ich auch am allermeisten wütend auf mich selbst, weil ich es zu spät gemerkt habe. Und weil ich ein Einzelkind bin. Ich habe mir immer Geschwister gewünscht, dann müsste ich die Last nicht allein tragen. Ich bin quasi alleinerziehend mit meinen Eltern.«

»Das kann man auch sein, wenn man Geschwister hat«, warf ich ein. »Nicht alle fühlen sich gleich verantwortlich oder können sich gleich viel kümmern.«

»Aber man könnte mal drüber reden.«

»Jetzt kannst du mit mir reden.«

»Und dann reden wir nur noch über unsere Eltern? So wie früher, oder? Als sie uns ständig genervt haben mit ihren Verboten und allem.«

»Ja, das stimmt. Und heute verbieten wir unseren Eltern Dinge und bombardieren sie mit unseren Erwartungen und verurteilen ihr Verhalten«, formulierte ich, was ich mir in letzter Zeit manchmal dachte.

»Ich will mich aber nicht ständig mit meinen Eltern befassen. Also mit meiner Mutter. Da mein Vater nun im Rollstuhl sitzt und die Wohnung eigentlich nicht mehr verlässt, weil sie es nicht auf die Reihe kriegt, eine Rampe vor dem Haus zu organisieren, müsste sie aktiv werden. Aber sie jammert nur. Alles bleibt an mir hängen. Ich werde bei der Hausverwaltung anrufen müssen. Viermal habe ich ihr den Geldautomaten erklärt. Glaubst du, sie hat es kapiert? Wir haben schon Aufsehen erregt, weil sie schließlich in Tränen ausgebrochen ist. Zum Schluss standen drei Sachbearbeiterinnen um uns rum, und das hat meine Mutter völlig aus der Fassung gebracht, weil die ja so nett zu ihr waren. Also anders als ich.«

Ich schluckte. Auch meine Mutter fanden alle charmant und nett, und ich mäkelte dauernd an ihr herum. Im Grunde genommen machte ich das Gleiche, das ich ihr viele Jahre angekreidet hatte. Dass sie in mir nicht das gesehen hatte, was war, sondern nur das, was werden sollte, und ihre erzieherischen Bemühungen darauf ausrichtete, mich nach diesem Ideal zu schnitzen; wo gehobelt wird, fallen Späne. Aber so war das eben damals, da bin ich kein Einzelfall, und heute bin ich überzeugt davon, dass genau diese Auseinandersetzung mir bei meiner Selbstentfaltung, bei meinem eigenen Flüggewerden geholfen hat.

Ich legte meine Hand auf Christines Unterarm. »So ist meine Mutter auch«, sagte ich. »Bloß nicht den Betrieb aufhalten. Und nicht auffallen.«

Christine schüttelte meine Hand ab. »In der Bank haben mich alle angeschaut, als wär ich schuld, und fanden, dass ich sie schlecht behandle. Und das fand ich auch, aber ich konnte nicht anders, weil ich ihr seit Jahren, nein, seit Jahrzehnten vorbete, dass sie Papa nicht alles überlassen darf. Er hat immer alles bestimmt. Wohin sie in den Urlaub fahren, was sie im Fernsehen anschauen, was gegessen, was eingekauft wird, alles!«

»Ja, so war das damals.«

»Aber so eine Mutter will ich nicht!«, rief Christine. »Warum kann ich nicht eine haben, mit der ich gern zusammen bin, die nicht so anstrengend ist, die mich nicht ständig anruft, einfach eine normale Mutter, idealerweise eine, die mir auch ein bisschen ein Vorbild ist anstatt abschreckendes Beispiel.«

»Vielleicht ist sie ziemlich normal. Du darfst nicht vergessen, in welcher Zeit sie groß geworden ist.«

»Aber man kann doch was aus seinem Leben machen.«

»Das hat sie doch.«

»Nein, das sehe ich anders. Sie ist eine Jasagerin und Mitläuferin und hat keine eigene Meinung und von Tuten und Blasen keine Ahnung.«

»Sie hat dich auf die Welt gebracht.«

»Und muss ich ihr dafür lebenslänglich dankbar sein?«

Ich zuckte zusammen. Nicht wegen der Frage, die fand ich selbst interessant, sondern wegen Christines Ton, da klimperten nämlich einige Eiswürfel.

»Sie hat den Geldautomaten noch immer nicht kapiert beziehungsweise Angst, dass sie sich vertippen könnte und dadurch weitere Schulden anhäufen würde, und das ist ihr nicht auszureden. Jetzt soll ich ihr Bargeld bringen, ich werde noch verrückt, es ist, als wäre sie mein Kind, und ich gebe ihr Taschengeld oder was? Und am allermeisten ärgert es mich, dass sie mir mein Leben lang vorgehalten hat, ich wäre zu unordentlich, zu schnippisch, neunmalklug, ich würde nie einen Mann finden, weil ich zu wenig weiblich wäre und so weiter. Und nun? Muss ich für ihre Ignoranz und Dummheit bezahlen, beziehungsweise mein Sohn Oliver.«

»Also, ich weiß nicht, ob wir uns als Kinder darauf verlassen sollen und dürfen, dass wir etwas von unseren Eltern erben«, wandte ich ein. »Wir sind doch für unser eigenes Leben verantwortlich und …«

Christines Handy klingelte. Es war ihre Mutter, und sie fragte, ob Christine sofort kommen könnte. Sie schrie so laut, dass ich es hörte. »Papi ist aus dem Rollstuhl gefallen, und ich krieg ihn nicht hoch, und die Nachbarn sind nicht zu Hause.«

Mama macht kurzen Prozess

Bei jedem Ausflug mit meiner Mutter wünschte ich mir nun, dass sie abends im Bett liegen und ein schönes Resümee des Tages ziehen möge. Als wir die Anwältin Pamela Pabst abermals am Gericht treffen wollten, untersuchte sie ihre Handtasche zweimal gründlich, ehe sie zu mir ins Auto stieg und ich sie nach München chauffierte. Mit großer Anteilnahme hörte sie der Angeklagten zu, regte sich in der Pause über die gemeine Staatsanwältin auf und tröstete den Mann der Angeklagten. Es werde schon gut ausgehen. Doch dann sank ihre Stimmung, es dauerte alles länger als geplant, draußen dämmerte es bereits, sie wurde nervös. Papa war schon fast vier Stunden allein. Sie sah fortwährend auf die Uhr und konnte sich nicht mehr konzentrieren.

»Sollen wir gehen?«, flüsterte ich ihr zu.

»Es ist doch noch nicht aus.«

»Egal.«

»Darf man das denn?«

»Natürlich.«

»Aber du musst dich doch von Frau Pabst verabschieden.«

»Ich kann ihr morgen mailen.«

Vor dem Sitzungssaal rief meine Mutter meinen Vater an und entschuldigte sich, weil sie erst um sechs zu Hause sein würde. »Geht's noch mit dem Hunger?«, fragte sie ihn. »Oder willst du dir ein Brot machen?«

Nein, wollte er nicht, er wollte es natürlich gemacht kriegen. Sie hatte ihn nach Strich und Faden verwöhnt – aber das war damals üblich und auch heute noch: Neulich im Zug saß ein ge-

gelter Mittdreißiger in Businessdress neben mir, der eine halbe Stunde vor dem Endbahnhof seine Frau anrief und ohne Begrüßung, ohne Einleitung kundtat: »Ich habe Hunger.« Dann meldete er, wann sie ihn abholen sollte. Die Zuständigkeit der Frau: der Hunger und die Wäsche des Mannes. Also alles wie beim Säugling.

»Ich bin froh«, seufzte meine Mutter, »dass wir mit dem Auto zu dem Prozess gefahren sind, so kommen wir schneller nach Hause als mit der Bahn.«

»Du kannst auch mal allein zu einem Gerichtstermin. Du hast ja jetzt gesehen, wie das läuft.«

»In die Stadt fahre ich nicht mit dem Auto.«

»Warum nicht?«

»Nein, das mache ich auf keinen Fall. Der ganze Stadtverkehr, nein, nein, das tu ich nicht.«

»Direkt vorm Gericht hält die U-Bahn.«

»Ich weiß.«

»Willst du mal ans Steuer? Dann merkst du, wie einfach es ist, in der Stadt zu fahren.«

»Um Himmels willen! Niemals. Nein. Außerdem ist es jetzt schon dunkel.«

»Na ja«, hellte ich auf, »es dämmert ein bisschen. Ist ja auch November.«

»Nein, nachts kann ich nicht Auto fahren. Im Dunkeln sehe ich schlecht, und wenn dann noch die Scheinwerfer blenden, nein, da bin ich zu unsicher, das geht auf keinen Fall.«

An ihrer Stimme hörte ich, dass das wirklich unvorstellbar für sie war. Ich beließ es dabei und wünschte mir, dass ich selbst noch lange nachts Auto fahren würde. Womöglich ist Nachtblindheit im Alter vererbbar? Und was hatte es noch mal mit dem grauen Star auf sich? Wer würde mich chauffieren, wenn ich siebzig oder achtzig wäre? Am besten, ich setzte auf das selbstfahrende Auto. Alle Eltern, die ich kenne, versuchen ihre Kinder so wenig wie möglich zu beanspruchen, irgendwie bis zum Letzten durchzuhalten, um den eigenen Kindern bloß nicht zur Last zu fallen. Was genau betrachtet eine Ungeheuerlichkeit beschreibt: Ich habe dich geboren und falle dir zur Last. Einige ältere Frauen in meinem Bekanntenkreis haben sich das Lügen angewöhnt. Hauptsache, ihre Kinder bekommen nichts davon mit, dass sie finanzielle Schwierigkeiten haben oder ihre Wohnung gekündigt wurde. Die Kinder rufen an, fragen: »Wie geht's?« Und die Eltern sagen: »Gut.« Auch wenn sie am nächsten Tag einen Termin zur Chemo haben. Liegt das nur an den Eltern oder auch an den Kindern? Wie reagieren sie darauf, wenn die Eltern nicht mehr funktionieren? Genervt oder zugewandt? Die Frage, ob man sich auf seine Kinder verlassen kann, stellt sich häufig gar nicht. Wenn Mütter in Not geraten, wollen sie oft nur eines: die Kinder schonen, was manche sicher erleichtert, andere kränkt. Haben sie Zeit für die Alten, ohne die sie gar keine Lebenszeit hätten?

Alte Liebe rostet nicht

Am liebsten wäre es mir gewesen, meine Mutter würde in Begleitung einer Freundin zur Prozessbeobachterin. Doch meine Mutter hatte keine Freundin. Gerade mal ein paar Bekannte, und die meisten von ihnen waren Ehefrauen der Freunde meines Vaters. Diese Leerstelle schmerzte mich sehr. Ich selbst kann mir ein Leben ohne Freundinnen nicht vorstellen; Freundschaft ist wie Heimat. Schon als Teenager verstand ich nicht, dass meine Mutter nur gemeinsam mit Papa schöne Dinge unternahm. Sehr selten gab es einmal ein Treffen mit den Kolleginnen aus ihrer Lehrzeit. Aber niemals ging sie einfach mal allein aus dem Haus, die Lippen nachgezogen, ein Kuss durch die Luft: »Ich bin gegen zehn wieder da.« Mama war immer zu Hause, außer sie war arbeiten, einkaufen oder mit Besorgungen für die Familie unterwegs.

Hin und wieder ploppte ein Hobby auf, doch sie blieb nie lange dabei. Eine Weile joggte sie, dann schmerzte die Achillessehne. Sie schwamm und musste aufhören wegen den Ohren. Sie strickte und bekam eine Sehnenscheidenentzündung. Wirbelsäulengymnastik und Tai-Chi machten bald keinen Spaß mehr. Wenn ich sie fragte, ob sie denn nichts vermisse, sagte sie: »Ich hab doch die Familie – da bleibt mir gar keine Zeit für Hobbys und Freundschaften.« Und das sagte sie auch noch mit Anfang vierzig, als ihre Kinder ausgezogen waren. Sie musste eine Weile als Sozia überbrücken – Papas neues Hobby war ja Motorradfahren –, dann kamen die Enkel, und wie sollte sie da Zeit für irgendetwas haben, wo doch ständig ein Notfall eintreten konnte und sie einspringen müsste, zusätzlich zu ihren ohnehin festen Terminen der Kinderbetreuung?

War meine Mutter vielleicht nicht begabt zur Freundschaft? Das konnte ich mir bei ihrem Charme kaum vorstellen. Sie kam so leicht mit Menschen ins Gespräch, wobei es im Alter sicher nicht einfacher wird, Freundschaften zu schließen. Aber gerade in ihrer jetzigen Situation würden ihr ein paar eigene Bekannte oder eine Freundin guttun. Die konnte ich mir leider nicht aus den Rippen schneiden. Als ich merkte, dass mein Vater sich aus der Gegenwart verabschiedete, hatte ich meine Mutter vergeblich gebeten, zu einer Angehörigengruppe für Demenzkranke zu gehen. Insgeheim vermutete ich, dass dies ihre Loyalität meinem Vater gegenüber verletzen könnte. Denn würde sie ihn in gewisser Hinsicht nicht verraten? Für ihre Generation war es immer enorm wichtig, den Schein zu wahren. Woher das wohl rührt? Ein Schatten aus der Zeit des Nationalsozialismus? Ich konnte es aber auch verstehen, dass sie keine Lust auf Problemgespräche hatte. Wenn sie schon unter Leute ging, sollten es unbeschwerte sein und keine, die von dem erzählten, was sie selbst zu Hause hatte.

Mein Vater hatte früher einige Freunde und eine Menge Bekannte, viele waren in den letzten Jahren gestorben. Die Männer unter sich redeten nicht, sie machten was zusammen. Halfen sich gegenseitig beim Hausbauen, Gartengestalten, bei Reparaturen, holten den Kumpel nach einem Motorschaden aus Italien, und wenn es sein musste, schleppten sie das Auto auch noch ab. Daran hat sich bis heute nichts geändert. Männer machen was, Frauen reden darüber, dass Männer zu viel machen und zu wenig reden.

Als Kind hatte ich den Eindruck, dass meine Mutter nicht alle Frauen der Freunde meines Vaters mochte. Ich fragte sie und erhielt wie so oft die Antwort: Das bildest du dir ein. Die Erwachsenen, in der Regel zwei bis drei Ehepaare, saßen im Wohnzimmer, und in allen Ecken wachte Meister Proper über den tadellosen Ruf der Hausfrau. Meine Mutter war dazu verdonnert, sich mit den Frauen zu verstehen und gut zu unterhalten, denn mein Vater verschwand mit den Männern in der Werkstatt. Ich wäre gern mitgegangen, weil ich das spannender fand, doch als Mädchen musste ich bei den Frauen bleiben und beneidete meinen Bruder, der mit in die Werkstatt durfte und wiederum mich beneidete, weil er mitmusste. Im Kreis der Frauen wurde meistens über Kinder gesprochen. Probleme wurden ausgespart, es wurde lediglich vom reibungslosen Funktionieren, sprich Folgen der Kinder erzählt, wobei die Frauen jedoch niemals protzten, sondern tiefstapelten. »Wenn es nach mir ginge, wäre eine Zwei doch völlig in Ordnung. Aber nein, unter einer Eins tut es mein Wolfgang ja nicht.« Und sie verdrehte die Augen, und die anderen trösteten sie. Wer solche missratenen Kinder hatte wie meine Mutter, die einfach nur guter Durchschnitt waren – mein Bruder wahrscheinlich ein bisschen besser als ich, aber auch kein Primus –, hielt sich besser bedeckt. Meinen Eltern genügte der gute Durchschnitt, und dafür bin ich ihnen dankbar. Für ein Durchschnittsmädchen wurde seinerzeit in der Regel die Realschule ins Auge gefasst, denn sie würde ja ohnehin heiraten, und dafür brauchte sie nun weiß Gott kein Abitur.

Damals hieß es auch: Ein gutes Kind sieht und hört man nicht. Heute wäre so ein Kind ein Fall für die Therapie; ein angepasstes Kind läuft Gefahr, als zu brav stigmatisiert zu werden und Extraförderung verordnet zu bekommen, damit es sich selbstbewusst durchsetzt, die Ellenbogen nicht verkümmern, die man heute wohl braucht. Damals hätten die Eltern gelegentlich in Therapie gehört, aber dann hätte die Fassade Risse bekommen, und das soll sie ja bis heute nicht, wenn sie auch stylisch im *used look* glänzt und Konformität heute Selbstverwirklichung und -optimierung heißt. Da gibt es keine Nischen mehr, in denen man sich ausruhen kann, zumal dem modernen Menschen in der Ära Smartphone pro Tag ein bis zwei Stunden Zeit geklaut wurden, wie man es bislang nur von Waschmaschinen kannte, die schwarze Socken fraßen. Wir trinken nicht mehr gemütlich Kaffee, sondern *to go*.

Im Frauenkreis langweilte ich mich entsetzlich, und ich glaubte, dass auch meine Mutter sich nicht wohlfühlte. Doch sie lachte und lächelte und bot Kuchen an und goss Kaffee *to sit* nach. So wie es sich eben für eine verheiratete Frau gehörte. Was Ich war, soll Wir werden. Allein bei der Vorstellung wurde mir heiß und eng. Oder erlitt ich soeben meine erste Hitzewallung?

»Ich finde, du urteilst zu hart«, sagte Sanne. »Woher willst du wissen, dass deine Mutter nicht gern Besuch hatte? Das sind doch alles Interpretationen. Du warst ein Kind, du konntest das gar nicht einschätzen. Vielleicht hat sie sich gut unterhalten.«

»Über das Wetter?«, fragte ich patzig. »Das war doch alles nur Geplänkel.«

»Es gibt Menschen, die fühlen sich wohl in einer solchen Runde«, korrigierte Sanne meine Perspektive. »Nicht jeder ist dazu geboren, tiefschürfende Gespräche zu führen, oder hat Spaß daran, den Dingen auf den Grund zu gehen wie du. Es gibt Menschen, die fühlen sich wohl, wenn manches unausgesprochen bleibt.«

Entgeistert starrte ich sie an. »Aber jetzt sagst du mir nicht, dass du zu denen gehörst, ich meine, wir kennen uns hundert Jahre!«

Sie lachte und fragte weiter: »Woher willst du wissen, ob deine Mutter nicht trotzdem in einem guten Austausch mit anderen war? Dir als Schriftstellerin mag das vielleicht ein wenig fremd erscheinen, doch es gibt auch eine Sprache jenseits der Worte.«

»Ich sag jetzt gar nichts mehr.«

»Und ich verstehe jedes Wort«, lächelte sie, und das war wieder einmal einer dieser Momente, in denen ich hätte heulen können vor Glück, weil es Sanne gibt. Meine BF, die beste Freundin.

Die zwei Lebensfragen einer Frau

Am Abend lag ich mit dem Hund auf dem Sofa, zappte mich durchs Fernsehprogramm und blieb an einer Reportage über das Wirtschaftswunderdeutschland hängen. »Schau genau hin«, sagte ich zum Hund. »Damals hättest du nicht aufs Sofa gedurft. Damals hättest du auch kein teures Hundefutter bekommen, sondern Küchenabfälle. Niemand wäre regelmäßig mit dir Gassi gegangen. Du hättest keine vier Schlafplätze im Haus gehabt und drei Halsbänder und zwei Leinen. Man hätte sein

Auto nicht für deinen Komfort gekauft. Man hätte dich völlig anders erzogen, autoritär statt anti, womöglich hättest du Fußtritte und Prügel kassiert, und eine Hundehomöopathin und Hundeosteopathin hat es damals wahrscheinlich noch gar nicht gegeben.« Träge blinzelte der Hund, seine Augenbrauen ruckten abwechselnd nach oben. Im Fernsehen wurden Werbespots aus den 1950er- und 1960er-Jahren gezeigt. Wie lange die damals dauerten! Es wurden kleine Geschichten erzählt. Die Frau bindet sich eine Schürze um und betritt ihr Reich, die Küche. Der Mann fährt mit dem Auto in sein Reich, das Büro. Die Kamera begleitet die Frau durch ihren spannenden Tag, der nur ein Ziel kennt: dass das wohlschmeckende Essen serviert wird, sobald der Mann von der Arbeit nach Hause kommt. Denn, so die Stimme aus dem Off: Eine Frau hat zwei Lebensfragen – was soll ich anziehen und was soll ich kochen?*

Empört lachte ich auf, riss den Hund aus dem Schlaf, der mich entsetzt musterte. »Die waren doch alle gehirngewaschen«, erklärte ich ihm zu meiner Ehrenrettung. Als Johannes von einer Bandprobe nach Hause kam, räumte ich gerade die Küche auf und fragte im Vollbesitz meiner geistigen Kräfte: Was kochen wir morgen?

Mütterbespaßung

Ich hatte Thomas lange nicht getroffen, und als wir am See entlangspazierten, erzählte er auch von seiner Mutter, die genauso alt war wie meine, allerdings seit zwanzig Jahren geschieden. Wie meine Mutter hatte sie zwei Enkel und keinen Freundeskreis. Sie war gesund, obwohl sie keinen Sport trieb, hatte keine

---

* Das glauben Sie nicht? Schauen Sie's sich unter https://www.youtube.com/watch?v=0 72LrlGvSq8&feature=youtube an!

Hobbys und beschäftigte sich eigentlich nur mit ihrem Haushalt.

»Es ist so trostlos«, sagte er. »Ich habe ihr Dutzende von Angeboten gemacht. Volkshochschule rauf und runter, Tagesausflüge mit der Gemeinde, Seniorenkino, ein Ehrenamt, Chor, Vorlesen für Kinder. Nichts.«

»Wie bei mir«, sagte ich.

»Aber so kann man doch nicht leben«, sagte er. »Wenn ich mir das vorstelle, könnte ich heulen.«

»Ich weiß genau, was du meinst«, sagte ich.

»Deshalb fällt es mir auch so schwer, mich mit ihr zu unterhalten. Sie hat einfach nichts zu erzählen. Es ist eine einzige Qual. Wenn ich sie anrufe, erzählt sie mir, was heute beim Aldi im Angebot ist, das macht mich fertig.«

»Und wenn du ihr was erzählst?«

»Dann nerven mich ihre Kommentare. Neulich habe ich ihr von einem Auftrag in Hamburg erzählt. Sagt sie doch glatt: Aber pack dir was Warmes ein, da soll es regnen.«

Ich grinste mitfühlend.

»Oder sie fragt mich, wie ich nach Hamburg komme. Ob mich da jemand am Flughafen abholt. Ob es im Hotel Frühstück gibt. Was ich am Abend gegessen habe. Kein Wort über den Auftrag. Aber sie fragt, ob es vom Hotel zur Besprechung weit war. Und dann habe ich wirklich keine Lust mehr, sie zu besuchen, einfach weil ich nicht weiß, was ich mit ihr reden soll. Meine Schwiegermutter ist da ganz anders. Die ist zehn Jahre älter als meine Mutter und nimmt noch am Gemeindeleben teil. Sie fährt auch Auto, was meine völlig eingestellt hat, also, sie fährt nur noch drei Kilometer zum Aldi und ungefähr zweimal im Jahr zum Tanken. Ihr Hausarzt wohnt gegenüber, und die Apotheke ist neben der Kirche, die kann sie von ihrer Küche aus sehen.«

»So war das bei mir auch«, berichtete ich. »Aber meine fährt jetzt öfter, sie traut sich sogar Autobahn.«

»Autobahn!«, rief Thomas. »Das wäre für meine wie ein Flug zum Mond. Deine Mutter hat wahrscheinlich mehr Fahrpraxis.«

»Eigentlich ist immer mein Vater gefahren. Jetzt ist er zu alt, und nach einigen …« Ich zögerte. »… Anlaufschwierigkeiten fährt sie ohne Probleme souverän, und ich glaube, es macht ihr auch Spaß.«

»Überallhin?«

»Sie würde nicht nach München fahren, also Stadtverkehr vermeiden. Aber ich würde sagen, sie ist mobil.«

»Beneidenswert«, seufzte Thomas. »Wie hast du sie dazu gekriegt?«

»Ich habe sie erpresst, bedroht und gedemütigt«, gestand ich die Wahrheit.

»Scheiße«, sagte er.

»Ging nicht anders«, behauptete ich.

»Also, das würde bei meiner nicht funktionieren. Die ist so was von stur.«

»Mein Vater hat jahrzehntelang Vorarbeit geleistet«, erläuterte ich. »Sie folgt.«

»Wie schrecklich.«

»Ja, so ist es.«

»Ich meine, auch für deinen Vater.«

»Das weiß ich nicht. Vielleicht glaubte er, das sei seine Aufgabe.«

»Ich finde das grässlich, ich meine, was Männer früher für ein Leben hatten, das war doch unmenschlich. Wenn ich mir vorstelle, ich hätte meiner Frau die Erziehung unserer Tochter komplett allein überlassen und den Haushalt auch. Das ist total unfair! Wie viel sich diese Generation dadurch selbst weggenommen hat! In meiner Familie war mein Vater quasi ein Fremdkörper, so selten war er zu Hause. Letztlich hat er sich aufgearbeitet für die Familie, und alle waren sich fremd. Heute glaube ich, dass mein Vater sehr unter seiner Rolle als Ernährer gelitten hat. Er war eigentlich immer nur gestresst. Ich schätze, wenn er hätte wählen dürfen, hätte er es anders gemacht, aber da saßen ihm wohl die Erwartungen seines eigenen Vaters im Nacken.«

»Das hat sich ja zum Glück geändert.«

»Nur in den Städten. Geh mal aufs Land.«

»Da wohne ich. Rollenverhalten ist nun mal bequemer, und außerdem bietet es Schutz.«

Thomas seufzte. »Ich habe die Rolle des Sohnes, die mir meine Mutter zuschreibt, satt. Ich glaube, sie wartet ständig darauf, dass ich mich melde und was mit ihr mache.«

»Frag sie doch mal«, forderte ich ihn auf.

»Über so was spricht man doch nicht!«, grinste er schief.

»Doch, frag sie mal!«, beharrte ich. »Ich glaube mittlerweile, dass mehr in meiner Mutter steckt, als ich vermutete. Ich bin zu nah dran, als dass ich das Ganze sehen kann. Ich hab da schon einige Überraschungen erlebt.«

»Was denn?«

Ich erzählte vom Zwischengas und Milchstichel.

»Da ist meine Mutter ganz anders«, meinte Thomas.

Ich kehrte die Ratgebertante heraus: »Es gehören immer zwei dazu. Ich glaube, dass ich meiner Mutter ziemlich wenig Chancen gegeben habe; stattdessen habe ich auf die Bestätigung meiner Vorurteile gewartet. Erkundige dich doch mal, warum sie immer so viele Details wissen will. Vielleicht traut sie sich einfach nicht, etwas anderes zu fragen? Davon abgesehen gibt es tatsächlich Menschen, die von Haus aus detailorientiert fragen. Andere verschaffen sich lieber einen Überblick. Womöglich ist es deiner Mutter nicht bewusst, wie sehr sie dich mit ihren banalen Fragen nervt. Wie soll sie dann etwas verändern?«

»Ich habe halt manchmal den Eindruck, sie hängt an mir

dran wie eine Ertrinkende am Sauerstoff. Gerade so, als sollte ich für sie leben.«

»Ich glaube, dass sich das fast automatisch so ergibt, wenn die Welt sozusagen schrumpft. Die Eltern leben dann quasi durch ihre Kinder, deren Erlebnisse werden zu ihren.«

»Also, Identifikationsobjekt meiner Mutter möchte ich nicht mehr sein, dafür musste ich als Kind schon herhalten«, entgegnete Thomas. »Alle meine Erfolge waren ihre Erfolge, meine Niederlagen haben sie dergestalt erschüttert, dass ich dadurch erst begriffen habe, dass es welche waren. Und das hasse ich. Neulich hat meine Frau sie zur Premiere der Laienspielgruppe eingeladen. Da hat sie mich tatsächlich verblüfft, denn sie unterhielt sich sehr angeregt mit einer Dame ihres Alters. Ich habe mich richtig gefreut. Schau mal zu Mutter, habe ich zu Laura gesagt, jetzt hat sie doch tatsächlich jemanden kennengelernt. Aber von wegen!«

»Jetzt bin ich aber gespannt.«

»Ich gehe also zu den Damen, meine Mutter strahlt mich an und sagt zu der anderen Frau: Das ist er, das ist Thomas, mein Sohn. Dann schaut sie mich an und sagt: Ich habe die ganze Zeit von dir erzählt.«

Ich lachte.

»Das ist nicht lustig«, protestierte Thomas. »Kann sie denn nicht einmal etwas Eigenes haben? Etwas von sich erzählen? Etwas, was ihr gehört? Etwas, was sie beschäftigt?«

»Das tut sie doch«, sagte ich. »Sie ist einfach stolz auf dich. Das ist doch auch schön.« Auf einmal war es, als würde ich zu mir selbst sprechen. »Letztlich bist du ihre Lebensleistung. Du warst sozusagen ihr Produkt, und du hast dich am Markt durchgesetzt.«

»Ich fände es entsetzlich, wenn ich nur von meiner Tochter reden würde. Was für eine Last würde ich ihr damit aufbürden! Meine Tochter ist doch nicht dazu auf der Welt, damit ich mit ihr angeben oder von ihr erzählen kann oder mich wie ein Vampir mit ihrem Leben auffüllen kann!«

»Vielleicht ist es Liebe?«, warf ich ein.

»Nein, es ist Kontrolle«, entgegnete er und bat mich: »Lass uns das Thema wechseln, sonst komm ich schlecht drauf. Es ist einfach so. Meine Mutter verändert sich nicht mehr, damit muss ich mich abfinden und Punkt.«

»Und du?«, fragte ich provokant und warf einen Stock für den Hund. Thomas beobachtete, wie der Hund ins Wasser sprang, den Stock brachte, ich warf ihn erneut. Dann sagte er: »Genauso ist es mit meiner Mutter.«

Fragend schaute ich ihn an.

»Ich soll sie bespaßen. Wie du jetzt deinen Hund. Oder wie ich es mit meiner Tochter gemacht habe, als sie es noch nicht peinlich fand, etwas mit ihrem Vater zu unternehmen.«

»Das legt sich wieder«, tröstete ich ihn. Seine Tochter war in der Pubertät.

»Ich habe keine Ahnung, was in meiner Mutter vorgeht. Wie in einem kleinen Kind. Oder in so einem Hund. Aber man mag sie und möchte, dass sie sich wohlfühlen, und spielt mit ihnen, auch wenn man sich tödlich langweilt.«

»Ganz so uneigennützig ist es nicht«, korrigierte ich ihn. »Von Hunden weiß man zum Beispiel, dass die Beschäftigung mit ihnen gesund ist. Sie senkt den Blutdruck, verlangsamt den Herzschlag, verbessert den Kreislauf. Menschen, die mit Hunden oder überhaupt Tieren leben, sind prinzipiell ausgeglichener, weniger depressionsanfällig und fühlen sich zufriedener. Außerdem kann man nie wissen, was in anderen vorgeht.«

»Meine Mutter mag keine Hunde«, sagte Thomas. »Auch keine Katzen. Ich hatte schon mal überlegt, ihr ein Haustier zu schenken, und hab das durchsickern lassen. Aber weißt du was? Sie hat gesagt, das will sie nicht, weil sie sonst ans Haus gebunden wäre! Ans Haus gebunden! Wer hat sich denn da angekettet? Das macht sie doch selbst! Freiwillig.«

»Vielleicht müssen wir unsere Eltern loslassen, so wie sie uns auch mal losgelassen haben.«

»Haben sie das?«, bezweifelte er.

»Ist wahrscheinlich eine Lebensaufgabe«, sagte ich, während ich den Stock abermals warf.

»Meine Mutter geht gern spazieren«, sagte Thomas unvermittelt. »Und sie wohnt nicht weit von deiner Mutter entfernt.«

»Stimmt!«

»Sollen wir sie mal verkuppeln?«, fragte er.

»Wie?«

»Du könntest deiner sagen, dass sie meine anruft.«

»Das macht sie nicht. Eher müsste deine anrufen.«

»Das macht sie nicht.«

»Wir müssten uns zu viert treffen beim ersten Mal.«

»Und dann lassen wir sie allein.«

»Wenn ich aufstehe, steht meine Mutter auch sofort auf.«

»Wir müssten behaupten, zur Toilette zu gehen, und uns rausschleichen.«

»Dann würden sie sich Sorgen machen.«

»So hätten sie noch eine Gemeinsamkeit.«

Spielverderber

Ein fremder Hund lief schwanzwedelnd auf meinen zu. Die beiden beschnupperten sich. Wie immer hatte mein Hund kein Interesse an einer näheren Bekanntschaft. Der andere Hund wurde meinem lästig, ließ nicht ab, obwohl mein Hund deutlich signalisierte, dass er seine Ruhe wollte. Schließlich knurrte er.

»Maxiiiii!«, rief sein Frauchen panisch, als würde Maxi, der zehn Zentimeter größer war als mein Hund, gleich gefressen.

»Alles gut«, beruhigte ich sie. »Mein Hund beißt nicht. Er will einfach nur seine Ruhe, und das hat er kundgetan.

»Aber mein Maxi will doch bloß spielen.«

Thomas flüsterte mir zu. »Den Spruch kenn ich. Deshalb kann ich Hundehalter nicht ausstehen. Also fast alle.«

»Danke«, sagte ich.

»Also, warum spielt Ihr Hund jetzt nicht?«, insistierte die Frau. »Ist er krank?«

»Er hat keine Lust.«

Sie setzte ein Hundekennerinnen-Gesicht auf und grummelte: »Komischer Hund.« So etwas begegnet mir öfter. Ein Hund, der nicht spielt, ist arm dran. Dem muss es ja total langweilig sein. Bestimmt würde er spielen, wenn ihn sein doofes Frauchen lassen würde. Jeder Hund spielt. So wie Maxi. Bei Maxi stimmt alles. Wie bei seinem Frauchen.

Maxi zeigte sich weiterhin völlig distanzlos und unerzogen. Er wagte einen weiteren Vorstoß und wurde von meinem Hund ignoriert, und dann ließen wir ihn und sein Frauchen hinter uns.

»Jetzt mal ernsthaft, warum spielt deiner nicht?«, fragte Thomas, der sich mit Hunden nicht auskannte, beim Weitergehen mit einem leisen Zweifel am einwandfreien Charakter meines Hundes.

»Erstens ist er eine Sie«, sagte ich.

»Du sagst doch selbst immer er«, beschwerte er sich. Und fügte augenzwinkernd hinzu: »Solltest du als Autorin dich nicht gender-sensibler ausdrücken?«.

Ich ließ mich nicht aus dem Konzept bringen, zumal ich hier kein Buch schrieb, sondern mit einem Freund redete. »Zweitens ist das ihre Sache. Wieso soll sie, bloß weil sie ein Hund ist, mit allen Hunden spielen, die ihr begegnen? Manchmal tut sie es, manchmal nicht. Es wird ihr halt nicht jeder Hund liegen. Oder sie hat gerade keine Lust. Warum soll sie das nicht dürfen? Ich rede doch auch nicht mit jedem. Weshalb soll ich ihr meine

Vorstellung davon aufdrücken, was ich glaube, was sie als Hund tun soll? Es ist eine blöde Menschenidee, dass Hunde dauernd spielen sollen. Aus Beobachtungen von frei lebenden Hunden weiß man, dass sie das eben nicht tun. Mein Hund hat halt andere Interessen. Ich finde nicht, dass ich ihm vorschreiben sollte, wie er sich zu verhalten hat.«

Thomas hob die Hände, als hätte ich scharf geschossen. Dann streckte er den Zeigefinger und richtete ihn auf mich. »Hast du gehört, was du eben gesagt hast?«, fragte er.

»Ich hab viel zu viel gesagt, so wie du mich anstarrst.«

»Du hast gesagt, dass du deinem Hund nicht vorschreiben willst, wie er sich zu verhalten hat.«

»Ja, das habe ich gesagt.«

»Genau das ist es«, nickte er. Und erst jetzt begriff ich es.

Ein langer Prozess

Auf dem Nachhauseweg war ich sehr nachdenklich – und auch dankbar für die guten Gespräche mit meinen Freundinnen und Freunden, die mich so oft weiterbringen, weil sie mir neue Perspektiven eröffnen. Thomas hatte mir ein wenig aus der Kindheit seiner Mutter erzählt, ältestes von acht Kindern auf einem Bauernhof. Schon als Dreijährige musste sie mithelfen, und je älter sie wurde, desto härter war die Arbeit, vor allem als ihre Mutter starb und die Stiefmutter einzog. Die Geschichte ist bekannt, vielfach aufgeschrieben und verfilmt. Solche Kindheiten sind nicht zu vergleichen mit den Paradiesen, die wir heute für unsere Kinder gestalten.

Meine Mutter war ein Wunschkind, doch ohne den tragischen Tod ihres Bruders zwei Jahre vor ihrer Geburt wäre sie nie zur Welt gekommen. Anton starb bei einem Bombenangriff. Meine Großmutter war drei Tage verschüttet, neben sich ihr totes Kind, nur noch Brei, so hörte es meine Mutter später einmal von einer Nachbarin, die bei dem Angriff mit im Keller gewesen war und danach ohne Beine im Rollstuhl saß. Bestimmt sorgte meine Großmutter sich sehr, auch ihr zweites Kind zu verlieren, das sie im damals geradezu biblischen Alter von vierundvierzig Jahren vom lieben Gott noch geschenkt bekommen hatte. So steht es auf den Geburtstagskarten. *An meine liebe Tochter, die mir der liebe Gott höchstpersönlich geschenkt hat.* Leider habe ich diese Oma nicht mehr kennengelernt, doch später eine ihrer Freundinnen. Sie erzählte mir auch, dass meine Mutter als Kind sehr schüchtern gewesen sei – »Das genaue Gegenteil zu ihrer Mutter«. Ähneln Kinder nicht oft den Großeltern?

Von einer einzigen Freundin, Agnes aus dem Nebenhaus, hat mir meine Mutter einmal erzählt.

»Wieso habt ihr euch aus den Augen verloren?«, fragte ich.

»Das war damals so. Man hat geheiratet und ist weggezogen.«

»Ihr hättet euch doch verabreden können.«

»Wir hatten beide kein Telefon.«

»Ihr hättet euch schreiben können.«

»Ich weiß gar nicht, ob sie meine Adresse hatte, und dann hat sie bestimmt auch geheiratet, und woher sollte ich wissen, wie sie heißt? Heute ist das alles viel besser«, sagte meine Mutter, was sie nun immer öfter äußerte. »Heute können Frauen ihren Namen behalten.«

Nach dem langen Spaziergang mit Thomas war ich hungrig und parkte vor einer Bäckerei. In dem kleinen Café im Nebenraum entdeckte ich – ich glaubte zuerst an eine Halluzination – meine Mutter! Die Frau neben ihr kannte ich nicht. Ich war dermaßen schockiert, dass sie sich so offensichtlich gegen meine Vorurteile sträubte, dass ich kurz an Flucht dachte. Doch da winkte sie mir schon zu.

»Hallo, Mama«, sagte ich und ärgerte mich, weil es so verdutzt klang.

»Das ist eine Überraschung, was? Ich hab gerade die Frau Singer getroffen«, strahlte sie mich an. Die Genannte reichte mir die Hand. »Stell dir vor, ihre Schwester wohnt hier am Ort«, erklärte meine Mutter.

Frau Singer fügte hinzu: »Ich war ja seinerzeit auch bei Siemens.«

»Setz dich doch zu uns, magst du ein Stück Kuchen?«, fragte meine Mutter.

»Hab den Hund im Auto, muss weiter«, stieß ich hervor.

»Schade«, sagte meine Mutter, aber es klang so, als wäre es ihr ganz recht. Was mir ja auch recht war. Aber wieso saß sie mit einer Wildfremden im Café, deren Namen ich noch nie gehört hatte?

War ich überhaupt schon abgenabelt? Erwachsen sein heißt auch, die Verantwortung für seine eigene Entwicklung, Reifung zu übernehmen. Ein Teil dieses langen Prozesses besteht darin, alte Rollenspiele zu entlarven, neu zu schreiben und zu improvisieren. Die Eltern so zu akzeptieren, wie sie sind – und das ist auch ein Abschiednehmen. Zum einen verabschiede ich mich von der Sorglosigkeit des Kindes. Zum anderen werfe ich durch das Älterwerden meiner Mutter einen Blick auf mein eigenes. Und wenn meine Mutter so weitermachte, konnte ich gelassen in die Zukunft schauen.

Wer nicht hören will, muss fühlen

Ich erzähle meiner Mutter, der Weltmeisterin im Sorgenmachen, von dem tollen Nachmittag beim Schlittschuhlaufen am See. Sie lässt das Eis brechen. Ich berichte vom Anschwimmen Ende April, sie befürchtet mein Kreislaufversagen im viel zu kalten Wasser. Sie hört, dass ich abends nach München fahre, und warnt mich vor dem Berufsverkehr. Zieh dich warm an, pass auf, dass du keinen Zug kriegst, bleib auf den Radwegen und so weiter. Das Leben ist gefährlich, am besten, man verlässt die Wohnung nicht und hält sich auch dort an die Regeln: Nicht auf wacklige Stühle, Achtung vor Kabeln, Vorsicht Stolperfalle Teppichkante, Fenster schließen!

Ich habe mein fünfzigstes Lebensjahr überschritten und bin unfallfrei durchgekommen – womöglich, weil sie mich so eifrig warnte? Oder will sie mir damit ihre Fürsorge zeigen wie die Mutter von Thomas mit ihren nebensächlichen Fragen, die ihn hauptsächlich aus dem Konzept bringen? Fürsorge ist eigentlich etwas Schönes, doch genau betrachtet will ich damit nichts zu tun haben. Denn aus für jemanden sorgen im Sinne von sich um ihn kümmern, ihn schützen, wurde ein Sich-für-, also -um-jemanden-Sorgen. Und das unterstellt, dass die Person, um die man sich sorgt, nicht in der Lage ist, selbst auf sich aufzupassen.

Während ich mir meine Mutter selbstständiger wünschte, bedauerte Mona, dass ihre Mutter sich nach wie vor nur für ihren Beruf interessierte und sich nie um sie kümmerte. »An erster Stelle kamen immer ihre Patienten. Dann die Mitarbeiterinnen in der Praxis. Schließlich irgendwann mein Vater und ich. Egal, was ich ihr erzählte, egal, wie gefährlich das war, und ich bin auch Fallschirm gesprungen. Sie machte sich nie Sorgen um mich.«

»Oder sie hat es gut verborgen?«, fragte ich.

»Ich habe es nicht gemerkt, und das zählt doch, oder? Ich fände es toll, wenn sich jemand mal Sorgen um mich machen würde, weil ich dann spüren könnte, dass ich geliebt werde.«

»Wer sich Sorgen um mich macht«, stellte ich meine Sicht dar, »zeigt mir damit, dass er mir nichts zutraut.«

Aber sah meine Mutter das genauso? Wir spielten das Spiel seit Jahrzehnten. Ich tat oder sagte etwas, sie bremste. Anstatt genervt zu reagieren oder ihr Dinge nicht zu erzählen, weil ich mir ihre Sorge ersparen wollte, konnte ich es ihr doch einfach mal sagen. Ich zückte das Handy.

»Mama, ich mag es nicht, wenn du dir ständig Sorgen um mich machst. In der Konsequenz würde ich dir dann nichts mehr erzählen. Es ist nämlich so, Mama, also ich weiß nicht, ob du es weißt, aber ich bin schon groß.«

»Das ist mir nicht entgangen.«

Einige Sekunden lang flirrte die Luft. High Noon. Ein Cowboy reißt ein Streichholz an seinem Stiefel an. Mein Ladekabel wird zur Dynamitschnur, nur wenige Zentimeter von der Flamme entfernt. Meine Mutter fackelte normalerweise nicht lange. Sie reagiert sozusagen leicht entzündlich und explodiert sehr schnell. Allerdings nach innen. Wenn sie gekränkt ist, zieht sie sich zurück und will nicht mehr reden. So war es schon immer. Jede kleinste Meinungsverschiedenheit stresst sie. Was ich interessant finde – verschiedene Ansichten –, bereitet ihr Kummer. Wenn Papa die Stirn in Falten zieht oder ein klein wenig ungehalten klingt, ist das eine Katastrophe für sie, da es die Harmonie gefährdet. Zu allem Übel ist meine Mutter auch noch Waage im Sternzeichen, und diese Menschen, so erklärte es mir einmal eine Horoskopeuse, wären essentiell auf Frieden angewiesen und würden stets alles dafür geben, ihn herzustellen, im Falle meiner Mutter: ihre eigene Position aufgeben oder schweigen, auf jeden Fall einen Rückzieher machen, unter den Teppich kehren, alles ist gut. Als Tochter meiner Mutter bin ich genauso, nur ist mein Lösungsansatz ein anderer. Ich gehe davon aus: Wenn ich dir recht gebe, liegen wir beide falsch. Nun rechnete ich mit dem Schlimmsten. Meine Mutter würde ihr Gesicht einschnappen lassen, ich würde ein schlechtes Gewissen haben und Sanne anrufen. Die würde mir sagen, dass sich mit einer mütterlichen Sorge in fortgeschrittenem Alter auch der Wunsch nach Nähe und Anteilnahme tarnen kann. Die Mutter will der Tochter zeigen, dass sie sich für sie interessiert, dass ihr an ihr liegt. Sie möchte ein Friedensband knüpfen – das mir als Fessel erscheint. Ein Rabe fliegt über die Szenerie. Raben sind sehr fürsorgliche Mütter. Die Dinge sehen oft anders aus, als sie scheinen.

Im Wald mit lauter Bäumen

Meine Freundin Angelika, Mutter von zwei Jungs, riet mir, nachsichtiger mit den Sorgen einer Mutter umzugehen. Die würden quasi mit der Milch in die Mutter einschießen.

»Aber du fragst deine bald dreißigjährigen Söhne doch auch nicht, ob sie schön warm angezogen sind!«, widersprach ich.

Angelika lachte. Dann gestand sie: »Nicht laut, aber leise.«

Ihr Ältester hat in der Schweiz studiert und ist nach dem Studium auf einem hoch dotierten Posten in einer Bank eingestiegen. »Natürlich beschäftigt es mich, ob er regelmäßig isst und schläft«, vertraute Angelika mir an. »Aber ich mache mich doch lächerlich, wenn ich ihn das frage. Außerdem ist es übergriffig, und ich würde ihn verärgern. Er ist erwachsen, er sorgt für sich selbst, das muss ich akzeptieren. Oder wenigstens so tun, als ob.«

»Alle Achtung«, staunte ich ehrfürchtig.

Angelika grinste breit. »Na ja. Eines Tages bekam ich eine SMS von meinem Ältesten.«

»Und?«

»Er schrieb nur: Hallo, Mama, könntest du dir bitte mal keine Sorgen machen.«

»Gab es da einen konkreten Anlass?«

»Braucht eine Mutter einen konkreten Anlass, um sich zu sorgen?«

»Das mach ich jetzt auch«, sagte ich zu Angela, zückte mein Handy und simste meiner Mutter: *Liebe Mama, könntest du mal versuchen, dir keine Sorgen zu machen?*

Eine Minute später erhielt ich keine Antwort, sondern eine Frage: *Ist alles in Ordnung?*

Ja. Aber ob du mal aufhören könntest, dir Sorgen zu machen.

Wie soll denn das gehen? So bin ich halt.

»Und jetzt?«, fragte ich Angelika.

»Deine Mutter ist wohl nicht so leicht zu beeindrucken wie ich«, meinte sie. »Ich bin sofort eingeknickt. Ich hätte keinen Widerspruch gewagt.« Dann sprang sie auf und lief in die Küche. »Ich hab was für dich.«

Kurz darauf reichte sie mir ein Blatt ihres Abreißkalenders.

Ich las den Spruch des Tages. »Großartig«, sagte ich und gab ihn zurück. »Man müsste Zeit haben und alle seine Bücher noch mal lesen.« Dann simste ich meiner Mutter das Zitat von Mark Twain: »Ich bin ein alter Mann und habe viel Schreckliches erlebt. Aber das meiste davon ist nie passiert.«

Sie antwortete nicht. Das irritierte mich nun doch. Meine Mutter antwortete immer! Hatte ich sie gekränkt?

Angelika verdrehte die Augen. »Spinnst du? Du beschwerst

dich, weil deine Mutter sich dauernd Sorgen wegen Kleinigkeiten macht, und machst dir dann selbst Sorgen, weil sie nicht
auf eine SMS reagiert? Außerdem gibt es nach so einem klugen
Ausspruch von Mark Twain nur eine Möglichkeit: schweigen
und genießen.«

Und das machte ich dann auch.

Eine Woche darauf bei einem gemeinsamen Hundespaziergang
blieb meine Mutter plötzlich mitten im Wald stehen, drehte
sich mit ausgebreiteten Armen einmal im Kreis, nickte, schaute
mir in die Augen und sagte: »Der Wald ist auch nicht gestorben.
Und die Kubakrise habe ich überlebt und die Neutronenbombe,
und den Herzinfarkt deines Vaters.«

Perplex starrte ich sie an.

»Es bringt überhaupt nichts, sich Sorgen zu machen«, erklärte sie mir.

»Äh, nein«, sagte ich schnell.

»Ich kann halt nicht aus meiner Haut.« Entschuldigend
stand sie vor mir, die Hände wie Jesus mit den Wundmalen zu
mir weisend. »Ich versuch es ja, weißt du. Mindestens die Hälfte
sag ich ja gar nicht, ach, was rede ich denn da, neunzig Prozent
ungefähr, also mindestens. Aber manchmal rutscht mir was raus.
Das ist so. Da komme ich nicht dagegen an. Es ist, weil ich dich
so liebhabe. Ich will dich nicht verlieren, so wie meine Mutter
ihren Sohn verloren hat. Ich weiß doch, wie das ist. Das sitzt tief
in mir drin. Ich hab halt Angst um dich. Es tut mir leid.«

»Mir auch, Mama.«

Allmählich wurde mir meine Mutter unheimlich. Hatte ich sie
vielleicht nicht nur ein bisschen, sondern ziemlich falsch ein-
geschätzt? Jeder Mensch verändert sich. Es widerspricht dem
Prinzip des Lebens, wenn man Menschen festnageln will auf
Vergangenes. Es wäre fatal, wenn ich noch genauso denken

würde wie vor dreißig, vierzig Jahren. Ich verändere mich, andere verändern sich. Was meine Mutter betraf, schien ich einige Updates übersprungen zu haben – während sie ihrerseits wohl auf dem neuesten Stand war. Sie hatte es weitestgehend geschafft, ein erwachsenes Gegenüber in mir zu sehen. Obwohl ich sicher viel unternahm, was ihr nicht im Traum einfiele, bremste sie mich nicht, so wie als Kind. Sie hatte ihren Job als Erziehungsberechtigte an den Nagel gehängt. Irgendwann hatte ich mir diesen Nagel gegriffen. War das rechtens? Und wenn ja: Für wie lange? Ich wollte sie nicht bis in alle Ewigkeit bevormunden, ich wollte sie nur in die Gänge bringen. Doch es war gar nicht so einfach herauszufinden, bis in welchen Gang sie hochschalten wollte. Sie für sich, ohne es nur für mich zu tun. Woran würde ich es erkennen, dass sie flügge war?

Und wenn ich gar nichts unternähme? Wenn ich sie einfach ließe, wie sie war? Wenn ich nichts von ihr verlangen würde und lediglich hin und wieder mit ihr plauderte und zu den üblichen Feier- und Familientagen erschiene, zu Kaffee und Kuchen, und Smalltalk in die Sahnetorte plumpsen ließe? Es wäre der einfachere Weg. Aber nicht meiner. Und außerdem würde ich damit eine einmalige Chance torpedieren: die Neubegegnung mit meiner Mutter.

Ohne Fleiß kein Preis

Unverbesserlich wie ich, Tochter meiner Mutter, bin, hatte ich bald schon wieder eine Idee für eine neue Katastrophe. Ich selbst fahre gern Fahrrad und beschloss, dass meine Mutter das auch tun sollte. Auto fahren konnte sie ja jetzt. Fahrrad fahren war aber viel gesünder. Sie war allerdings schon einige Jahre nicht mehr Fahrrad gefahren, denn mein Vater fuhr ja nicht mehr.

»Was soll ich allein durch die Gegend gurken?«, zeigte sie sich wenig begeistert.

»Es macht Spaß«, sagte ich.

»So ganz allein?«, fragte sie.

»Ich fahre mit«, sagte ich, obwohl ich wenig Lust hatte, im Schneckentempo auf einem asphaltierten Weg zu zuckeln. Denn auf Feldwegen, wie sie mir gefielen, traute sie sich nicht zu fahren. Als es zwei Wochen am Stück regnete, vermutete ich, sie hoffte, ich hätte mein Ansinnen vergessen. Hatte ich natürlich nicht. Nach drei trockenen Tagen lockte ich sie unter einem Vorwand zu mir und teilte ihr mit: »Heute fahren wir ein bisschen Rad.«

»Nein!«, rief sie, blankes Entsetzen im Blick.

»Es ist ideales Fahrradwetter«, sagte ich.

»Ich bin schon so lange nicht mehr gefahren.«

»Radfahren verlernt man nicht.«

»Aber ich bin ganz unsicher.«

»Deshalb üben wir es.«

»Nein, das traue ich mir nicht zu.«

»Doch, du kannst das.«

»Aber nur mit Rücktrittbremse!«, rief sie, und an ihrer erleichterten Miene las ich ihre Vermutung ab, so etwas könnte ich nicht bieten. Weit gefehlt! Ich schob das lilafarbene, vierzig Jahre alte Fahrrad mit Rücktrittbremse aus der Garage, von dem ich mich nie trennen konnte. Mein Mann, wer sonst, hatte es aufgepumpt und den Sattel so tief gestellt, wie es nur möglich war.

»Der Sattel ist viel zu hoch«, sagte meine Mutter.

»Setz dich doch mal drauf.«

»Nein, er ist zu hoch.«

»Du setzt dich jetzt da drauf!«, befahl ich.

Zögerlich nahm sie Platz, probierte, ob sie mit den Füßen zum Boden kam, hatte keine Chance, es zu vertuschen. Zu behaupten, ihre Knie hätten am Boden geschleift, wäre übertrieben, aber beim Treten wären sie nicht allzu weit entfernt vom Lenker. Der Sattel war deutlich zu niedrig, aber Hauptsache, sie fühlte sich sicher.

»Und wenn ich umkippe?«

»Wenn du fährst, kippst du nicht um.«

»Aber … nein, das kann ich nicht.«

»Doch, das kannst du. Los jetzt!«

Ich kam mir vor, als würde ich eine Peitsche schwingen. Spaß machte das nicht. Aber wenn ich ihr die Wahl ließe, würde sie kneifen. Ich musste sie zwingen, so wie sie es von meinem Vater ein Leben lang gewohnt war. Unvergessen die Idee meines Vaters, die ganze Familie solle Ski fahren.

Auf die Knie

Mit einem Schnäppchen, vier Paar Ski, kam er nach Hause. Meine Mutter war entsetzt. Sie hasste Schnee und Kälte und wollte auf keinen Fall. Aber der Kapitän hatte es beschlossen. Mein Bruder und ich wurden in den Ferien zu einem Skikurs geschickt und waren begeistert. Mein Vater konnte noch ein bisschen Ski fahren von früher. Mama sollte zu einem Erwachsenen-Skikurs. Sie versuchte alles, diesem Horrortrip zu entkommen, doch es half nichts. »Wir sind eine Familie. Wir gehören zusammen. Alle fahren Ski. Das ist gesund, und wenn du es erst mal kannst, wirst du große Freude daran haben«, befahl der Kapitän. Kummervoll nickte meine Mutter.

Morgens um sieben brachte mein Vater sie zum Busbahnhof und überwachte persönlich ihre Abfahrt. Beim Aussteigen an der Liftstation stürzte meine Mutter aus dem Bus und schlug mit den Knien auf den Asphalt. Ein schrecklicher Schmerz durchzuckte sie. Sie konnte kaum mehr laufen. Doch ihr Mann hatte es befohlen. Sie biss die Zähne zusammen und absolvierte den Skitag. Selbst humpeln konnte sie abends nur noch unter höllischen Schmerzen und das Knie nicht mehr anwinkeln. Aber sie hatte den Befehl ausgeführt. Zwei Tage später wurde sie am Meniskus operiert und konnte meinem Vater mit einem Lächeln des Bedauerns mitteilen, dass der Arzt ihr Skifahren verboten habe, strikt und für alle Zeiten.

Warum hatte sie das getan? Um einem Konflikt mit meinem Vater aus dem Weg zu gehen oder um ihn nicht zu enttäuschen? Ich hätte nach dem Sturz gewiss kein Skitraining mehr absolviert. Waren die Generationen früher schlichtweg härter im Nehmen? Oder lag es am Altersunterschied meiner Eltern und daran dass meine Mutter so früh geheiratet hatte und gewohnt war, zu folgen wie ein artiges Kind?

Papa fuhr dann mit den Kindern Ski, Mama blieb zu Hause oder ließ es sich bei schönem Wetter im Liegestuhl auf dem Gipfel gut gehen. Ich glaube, das gefiel ihr am besten. Man könnte sagen, ihr Plan war aufgegangen, wenn auch mit einem großen Opfer, denn das Knie schmerzte monatelang. Nach der Operation war sie sogar von der Tele-Skigymnastik mit Manfred Vorderwülbecke befreit, die mein Bruder, mein Vater und ich zur Vorbereitung auf die Piste schweißtreibend exerzierten. Zu dritt hockten wir wie Jockeys vor dem neuen Farbfernseher, federten in den Knien. »Nicht aufgeben, Kinder!«, rief mein Vater. »Dranbleiben! Weiter runter!« Und meine Mutter bedauerte zutiefst, dass sie nicht mitmachen konnte.

Bei mir musste sie mitmachen. Hätte es einen weicheren Weg gegeben? Wahrscheinlich. Ich hätte versuchen können, sie zu motivieren, aber nein, ich schwang den Skistock.

»Du fährst vor mir her«, befahl ich, aber da war ihr Widerstand schon gebrochen. Wie ein Lämmchen auf dem Weg zur Schlachtung schaute sie mich an. Verdammt, es tat mir alles so leid, aber sie musste Rad fahren. Ich wollte, dass sie ein schöneres Leben hatte, und das würde sie haben, wenn sie mit dem Rad fuhr, und Punkt. Außerdem war Radfahren gut für die Gelenke und das Herz und den Kreislauf und die Lungen – Radfahren war mein Allheilmittel und Glücksspender. Wir fuhren auf der Straße von meinem Haus ins Dorf. Sie wackelte mit dem Lenker. Von hinten kam ein Auto. Sie schrie »Ein Auto!«.

»Weiterfahren!«

Ihre Füße suchten Bodenkontakt.

»Treten!«, brüllte ich.

Sie fuhr weiter, zwar keine Schlangenlinien, doch ihre Hände zitterten sehr. Ich hasste mich immer mehr. Wenn es in zwei Minuten nicht besser würde, hätte sie gewonnen. Ich war nicht mein Vater.

»Jetzt links!«, rief ich.

»Nein.«

»Doch.«

»Aber …«

»Treten!«, donnerte ich, nun vollständig in die Rolle meines Vaters übergesetzt, und sie schaltete.

Wir gelangten auf einen kleinen Feldweg, nicht holprig, okay, ein bisschen. Manchmal muss man eben neu navigieren.

»Wir haben gesagt, nur Straße«, erinnerte sie mich.

»Weiter.«

»Aber das ist …«

»Probier es doch mal aus. Es geht wirklich ganz leicht. Ich kenne den Weg, das ist meine Joggingstrecke.«

Ich fuhr neben sie. Sie blickte starr zu Boden, konzentrierte sich allein auf die Wegbeschaffenheit, wagte es nicht, den Kopf zu heben. Beruhigend redete ich auf sie ein. Noch bis zur Eiche, nahm ich mir vor, meine Hände zitterten nun auch und waren schweißnass, dann schieben wir nach Hause.

Da bremste sie, stellte einen Fuß auf die Erde, schaute mich an. »Ich kann es ja«, stellte sie verwundert fest.

»Natürlich kannst du es.«

»Man sagt, das verlernt man nie.«

»Ja, das stimmt.«

Sie atmete tief durch, stieg wieder auf. Freiwillig! Meine Augen wurden feucht, aber es war auch ein bisschen windig.

Sie fuhr weiter, schon schneller. Eine Pfütze vor uns.

»Um Gottes willen!«, rief sie.

»Ich fahre voraus«, sagte ich. »Bleib in meiner Spur.«

»Nein, da muss ich absteigen.«

»Bleib! In! Meiner! Spur!«

»Ich kann nicht! Ich …«

»Und mit Schwung! Sonst stehst du in der Pfütze.«

Ich fuhr vorneweg. Meine Ohren riesig. Pflatschte es? Nein, sie folgte mir. Fuhr weiter. Fuhr schneller, fuhr neben mir. Hob den Blick vom Boden, schaute mich an, schaute auf den Weg. »Es ist nur wegen dem Absteigen. Davor hab ich Angst.«

»Lass es uns probieren.«

»Gern.«

Ich staunte. *Gern.* Ach, Mama.

Ein paar Mal bremste sie, stieg ab, stieg wieder auf. »Ist eigentlich ganz leicht.«

»Das machst du prima. Hauptsache, du trittst immer weiter. Du könntest nur kippen, wenn du zu langsam bist und in Straßenbahngleise gerätst.«

»Straßenbahngleise«, wiederholte sie grinsend. Und dann wendete sie den ganzen Kopf zu mir. »Ist das schön!« Ihr Gesicht ein einziges Strahlen. »Man sieht so viel, man kommt richtig weit, man kommt mal raus.«

»Ja, Mama.«

»Ich bin froh, dass ich es gemacht habe. Danke, dass du nicht aufgegeben hast.«

»Mama! *Du* hast nicht aufgegeben!«, rief ich mit Knödeln auf den Stimmbändern. Dankbar, dass sie mir meine Rücksichtslosigkeit nicht nachtrug. Dass sie mich ertrug. Und am Ende bedankte sie sich überschwänglich für den schönen Ausflug. Das musste man erst mal schaffen. Bei meinem Vater ist sie durch eine harte Schule gegangen. Und ich bin seine Tochter.

Tue immer deine Pflicht, sage nie: Das kann ich nicht

Eine Woche danach fragte ich sie, ob sie noch mal Rad gefahren sei.

»Nein.«

»Warum denn nicht?«

»Ach, allein. Und ich wüsste gar nicht, wohin. Außerdem hab ich kein Rad. Also nur das alte von früher. Da ist mir aber der Einstieg zu hoch. Und irgendwie ist mir das zu sportlich, glaube ich. Das hat Papa ja mal für mich gekauft, als er dachte, wir machen jetzt Radtouren.« Auch an diese Phase meines Vaters erinnerte ich mich. Davor hatte meine Mutter sich mit ich weiß nicht welchen Mitteln gewehrt, klettern und segeln zu müssen, und dafür klein beigegeben, als sie seine Sozia auf dem Motorrad wurde.

Nun übernahm mein Bruder, fuhr mit ihr zu einem Fachhändler und kaufte ein Fahrrad mit extra tiefem Einstieg für sie. Problem gelöst? Nun ja, fast. Fehlte noch die Fahrpraxis. Wieder regnete es wochenlang oder die Wege waren matschig oder sie hatte so viel zu tun oder allein machte es keinen Spaß oder sie hatte Rückenschmerzen.

»Dann ist Fahrradfahren ideal.«

»Ich glaube nicht, wegen der starren Haltung.«

»Doch, bestimmt.«

Sie seufzte schwer.

Ich war gespannt: Würde sie es tun? Von sich aus? Könnte sie auch ohne meine Begleitung die Freude empfinden, die auf dem Feldweg aus ihrem Gesicht geleuchtet hatte? Ich konnte nicht ständig hinter und neben und vor ihr herradeln. Je öfter sie fahren würde, desto sicherer würde sie. Und wenn sie nicht fahren würde, würde sie es eines Tages tatsächlich verlernt haben.

»Use it or lose it«, erinnerte ich sie wenig charmant mit meiner Holzhammermethode an ein Naturgesetz.

»Ich fahre ja. Bestimmt«, versprach sie mir. »Wenn das Wetter besser ist.«

»Vielleicht macht es ihr keinen Spaß«, meinte Sanne. »Und sie tut es nur dir zuliebe und weil dein Bruder sich mit dem neuen Fahrrad in Unkosten gestürzt hat.«

»Das wäre ja wie damals beim Skifahren«, sagte ich. »Mein Vater wollte auch nur das Beste für sie.«

Sanne schüttelte den Kopf. »Du und dein Vater.«

»Wenn man sie in Ruhe lässt, macht sie nichts!«, versuchte ich eine Ehrenrettung.

»Vielleicht kann deine Mutter das im Gegensatz zu dir ertragen? Vielleicht muss sie nicht immer was machen, sich beschäftigen, aktiv sein. Bitte, die Frau geht auf die achtzig zu.«

»Aber so war es schon immer. Sie hat nie Eigeninitiative gezeigt.«

»Es soll Menschen geben, die neigen nicht zur Eigeninitiative«, wusch Sanne mir den Kopf. »Irgendwer muss doch auch die verlässliche Basis bilden. Menschen wie deine Mutter, die aus der zweiten Reihe, die Stillen, die Bescheidenen.«

Ich schwor mir, meine Mutter nie mehr nach dem Rad zu fragen. Als das Wetter besser war, erzählte sie von sich aus. Dass sie zum Rewe gefahren sei und zum Bäcker. Das waren keine Radtouren, wie ich sie unternommen hätte, aber ich bin nicht meine Mutter. Womöglich muss man seine Mutter wirklich mal in Ruhe lassen. Das sollte ich endlich mal begreifen. Aber dann fuhr ich doch eine Runde mit ihr; sie wollte mir das neue Fahrrad vorführen. Unterwegs merkte ich, dass es gar nicht schlimm war, auf Asphaltwegen zu bleiben. Ihre Freude machte die öde Strecke wett. Es war ein bisschen so, wie wenn ich bei Wind am Rand einer Wiese stehe und zusehe, wie mein Hund herumtollt. Nie im Leben hätte ich Spaß daran, mir bei diesem Wetter die Beine in den Bauch zu stehen. Doch wenn ich die Freude eines anderen sehe und spüre, und sei es die eines Tieres, ist es ein wunderschöner Moment. Und ist es nicht genau das, was meine Mutter jahrelang ermüdend mit mir exerziert hatte? Bauklötzchen aufeinanderschichten, Bauklötzchen umwerfen, Sandkuchen backen, Sandkuchen zerstören, hundertmal dieselben Märchen, tausendmal dieselben Lieder. Ein Jäger aus Kurpfalz, der reitet durch den grünen Wald, bis er gestorben ist, also der Jäger, weil der Wald ja nicht stirbt. Ich habe sie nie gelangweilt empfunden, obwohl sie sicher spannendere Dinge mit ihrer Zeit hätte anfangen können. Meine Freude hat ihr Freude geschenkt. So ist das, wenn man jemanden liebhat.

Rezept für Harmonie mit Muttern: Amam

Ich begleitete das Flüggewerden meiner Mutter nun bald drei Jahre und schaffte es noch immer nicht, meine guten Vorsätze in die Tat umzusetzen. Während ich von ihr erwartete, dass sie alles anders machte, und sie gab sich große Mühe, rutschte ich noch viel zu oft in mein altes Verhalten. Ich brauchte so etwas wie einen Knoten im Taschentuch, ein Mantra, mit dem ich mich ganz schnell an das erinnern konnte, was mir wichtig war, mein Ziel: Mama soll flügge werden. Ich wollte sie nicht kritisieren, sondern motivieren. Das Fliegen sollte ihr Spaß machen. Welche Eigenschaften benötigte ich, um sie in ihrer schwierigen Lebenssituation zu unterstützen?

Anteilnahme
fiel mir als Erstes ein. Wie fühlt sich das Leben im Alter der Mutter an – und mit ihrer Vorgeschichte, Vergangenheit? Sobald ich mir das vergegenwärtige, bin ich milder gestimmt. Ferner half

Humor
Der weicht betonierte Wege auf, und Lachen ist gesund. Zum Glück konnte meine Mutter über sich selbst lachen, und trotz allem war sie ein fröhlicher Mensch. Dennoch durfte ich die

Achtsamkeit
nicht vergessen. Aufmerksam schauen und spüren und hören, beobachten. Ältere Menschen verhalten sich zuweilen scheinbar komisch, wenn man nicht weiß, was dahintersteckt. Wenn mein

Herz
offen ist, kann ich meiner Mutter aufrichtig begegnen und erfülle nicht nur Dienstleistungen als Tochter, sondern bin in ech-

tem Kontakt. Diese vier Eigenschaften, in Anfangsbuchstaben abgekürzt Amam, stellen Mama auf den Kopf und unsere neue Beziehung auf die Füße.

Anteil nehmen
Mit Humor
Achtsam
Mit Herz

Wer den Pfennig nicht ehrt,
ist des Talers nicht wert

Made in Germany – Wurm in Deutschland. So las ich es als Kind auf vielen Artikeln und machte mir meine Gedanken. Wieso freuten sich die Erwachsenen, wenn sie etwas mit Wurm erstanden? Meine Oma erklärte mir, dass wir in Deutschland im Speck lebten, deshalb also. Sie brachte auch Licht in die Sache mit der Schießerei bei der Lotterie – ohne Gewähr. Und natürlich gab es einen Linksanwalt. »Hör auf, dem Kind so einen Schmarrn in den Kopf zu pflanzen«, schalt meine Mutter. Womöglich war es da bereits zu spät.

Meine liebe Oma ist schon lange tot. Aber jedes Mal bei der Sechzig-Grad-Wäsche denke ich an sie, denn ich benutze noch einige ihrer Handtücher. Meine Oma vererbte sie seinerzeit ihrer Schwiegertochter, und so landeten sie bei mir und überlebten seither viele neue Handtücher, in denen, längst verschlissen, der Wurm gewütet hatte.

Die Sparsamkeit der Elterngeneration ist schon lange nicht mehr spießig! Mehr von euch, die ihr nichts, wirklich gar nichts weggeworfen habt, solange man es irgendwie reparieren konnte, und mein Vater reparierte praktisch alles. In seiner Werkstatt gab es eine Schublade voller Klebstoffe, es kam darauf an, den richtigen zu wählen – dann hält das bis in die Ewigkeit. Ich weiß nicht, wann die Ewigkeit beginnt, aber wir atmen heute noch Kleber von damals an einigen unserer Gebrauchsgegenstände. Ein Wunder, dass ich als Kind keine Schnüfflerin wurde bei dem Verbrauch an Suchtstoff. Der Mann, der sich selbst zu helfen wusste, stand in meiner Kindheit hoch im Kurs. Handwerkliche Fähigkeiten gehörten zur Männlichkeit wie Jahrhunderte zuvor der Mut auf dem Schlachtfeld. Mein Vater erlegte die Made nicht, sondern verpasste ihr einen Bajonettverschluss. Würde er nicht an Demenz leiden, wäre ein Repair-Café eine große Freude seines Lebensabends.

Meine Mutter bewunderte das handwerkliche Geschick meines Vaters, doch manchmal hätte sie schon ganz gern etwas Neues gehabt. Was Papa unvernünftig fand – das Alte tut es doch noch –, außer natürlich beim Auto. Obwohl das eine bedeutende Anschaffung war und sie ein gemeinsames Konto hatten, wurde die Frau nicht gefragt, die im Alltag brav sparte. Beim Benzin wurde dann jedoch wieder auf den Preis geschaut. Mein Vater wusste auf die Kommastelle, welche Tankstellen in München günstig waren. Der Vater meiner Schulfreundin Iris fuhr manchmal 30 Kilometer für eine billigere Tankfüllung, und der meines ersten Freundes verlangte von seiner Ehefrau, dass sie auf dem Weg nach Österreich in den Urlaub die Preise jeder Tankstelle notierte, damit er bei der Rückfahrt günstig tanken konnte. Wurde er später gefragt, wie ihm der Urlaub gefallen habe, berichtete er von seinen Abenteuern mit Zapfsäulen. Ein Pfennigfuchser.

Als Tochter meiner Mutter nehme ich im Sommer eine Wasserflasche mit, wenn ich das Haus verlasse. Wäre ja Plastikmüll und Geldverschwendung, irgendwo eine zu kaufen. Und wenn wir länger mit dem Auto unterwegs sind, packe ich eine Brotzeit ein. Die schmeckt auch besser als Gekauftes. Es gab eine Zeit in meinem Leben, in der ich damit haderte. Warum gehörte ich nicht zu den lockeren Leuten, die lässig an der Tanke einkauften? Ich war so verkrampft, so knauserig, so deutsch und schämte mich für die mir anerzogene Vernunft. Eine Freundin wohnte seinerzeit auf der Leopoldstraße in Schwabing über Woolworth, und anstatt ihr Geschirr abzuwaschen, warf sie es in den Müll und holte sich für zwei Mark eine neue Garnitur im Erdgeschoss. Das fand ich irre. Weil cool oder hip oder mega oder wie es heute heißen mag, kannte ich ja noch nicht. Im Rückblick halte ich irre geradezu für hellsichtig.

Einem geschenkten Gaul
schaut man nicht ins Maul

Meine Mutter studiert die Werbebeilagen der Zeitungen, die ich achtlos in die Altpapiertonne werfe. Sie kennt die Preise der Lebensmittel, die sie wöchentlich kauft, und verfolgt, was bei Aldi, Norma oder Lidl teurer oder günstiger ist. Sie kauft strategisch ein und weiß, wann wo was im Angebot ist und in welchen Läden es sich lohnt, morgens um acht zu den Ersten zu gehören, um die Schnäppchen auch ergattern zu können, die meistens nur in geringer Anzahl vorhanden sind. Wenn sie etwas billig ersteht, freut sie sich. Obwohl sie nicht sparen muss. Es ist ihr einfach in Fleisch und Blut übergegangen. Sie kauft auch Dinge, die sie nicht braucht; Sonderangebote bringen gute Laune. Früher habe ich mich manchmal darüber lustig gemacht, heute sehe ich, dass mir die Sparsamkeit meiner Eltern vieles ermöglicht hat. Hätte meine Mutter geprasst statt gespart, wären mir einige Wünsche in meiner Kindheit nicht erfüllt worden. Es reichte zwar nicht für meinen großen Traum vom eigenen Pferd, doch davon abgesehen fällt mir kein einziger offengebliebener Wunsch ein, wenngleich die Wünsche damals bescheiden waren und Kinder warten konnten, da sie nicht immer sofort erfüllt wurden wie heute, wo sie oft zur Grundausstattung des Kinderzimmers gehören und nicht der Rede wert sind. Fahrräder und Kassettenrekorder, die Vorläufer der Smartphones, waren seinerzeit keine Gebrauchsgegenstände, sondern Weihnachts- und Geburtstagsgeschenke.

Meine Mutter freut sich auch, wenn sie Proben »abstaubt«. Sie benutzt kein Parfüm, lässt sich jedoch gern Duftproben mitgeben. Trockene Haut hat sie nicht, aber ein paar Tuben vom Hautarzt schaden sicher nicht. Wenn irgendwo etwas zum Mitnehmen ausliegt, greift meine Mutter beherzt zu. Da bricht die Sammlerin durch. Den Gutschein der Apotheke zum Geburtstag lässt sie nie verfallen, auch wenn sie den Duft der Seife, die sie jedes Jahr bekommt, nicht mag. Einem geschenkten Gaul schaut man nicht ins Maul.

»Frag doch mal nach einer anderen Duftnote«, empfehle ich ihr.

»Aber es ist doch ein Geschenk.«

»Ein Werbegeschenk ist kein richtiges Geschenk.«

Sie tut es und berichtet mir strahlend. »Es hat geklappt!« Und fügt hinzu: »Wie gut, dass ich dich habe. Du hast immer so tolle Tipps.« Und dann weiß ich, dass ich weitermachen darf mit meinem Flugtraining.

Generation all-inclusive

Die Sparsamkeit meiner Mutter betrifft heute nur noch sie selbst. Wenn es darum geht, anderen eine Freude zu machen, vor allem ihrer Familie, ist ihr der Preis egal. Für sich selbst tut es das Billigste, das Alte, das Abgetragene. Für die anderen kauft sie gern Teures, Neues, Flauschiges, Schönes. Sie gönnt sich nichts, auch keine Zusatzleistungen beim Arzt. Dafür ist ihre Krankenkasse zuständig. Was man nicht auf Rezept bekommt, hilft nichts. Also braucht man erst gar nicht mit so neumodischem Zeugs wie Homöopathie oder Osteopathie anzufangen. Würde es was taugen, wäre es Bestandteil der kassenärztlichen Versorgung. Und selbst wenn alternative Heilmethoden nachweislich helfen, ist meine Mutter nicht bereit, dafür zu bezahlen.

Also nicht für ihre eigene Behandlung. Von Herzen gern spendiert sie mir die Homöopathie und Osteopathie. Aber für sie selbst? Nein.

Vor etwa fünfzehn Jahren schaffte ich es, meine Mutter zu einem Besuch bei einer Homöopathin zu überreden, obwohl die Anamnese über zweihundert Euro kostete. Sie schlief damals schlecht, wachte oft um vier Uhr morgens auf. Auf Schlaftabletten wollte sie nicht zurückgreifen. Überhaupt nahm sie fast nie Tabletten. An meiner Schule gab es mehrere Kinder, deren Mütter in der Schwangerschaft Contergan eingenommen hatten, das sorglos geschluckt wurde wie Gummibärchen. Aber meine Mutter ging ja nicht zum Arzt, Vorsorgeuntersuchungen in der Schwangerschaft gab es seinerzeit noch nicht, auch keinen Mutterpass. Ihre Schwangerschaft wurde festgestellt, der Arzt sagte: »Dann kommen Sie halt in ungefähr acht Monaten wieder oder wenn was ist. Und wenn es losgeht, fahren Sie am besten ins Krankenhaus.«

»Wie merke ich, dass es losgeht?«, fragte meine Mutter.

»Das merken Sie dann schon«, sagte der Hausarzt.

Nein, sie merkte es nicht. Sie hielt ihre Wehen für Bauchschmerzen, weil sie so viele Kirschen gegessen hatte, das weiß doch jedes Kind: Kirschen gegessen, Wasser getrunken, Bauchweh bekommen. So schrammte ich knapp an einer Geburt im VW Käfer vorbei.

In der Praxis der Homöopathin erhielt meine Mutter drei Kügelchen. Auf dem Nachhauseweg wurde sie bereits müde, und zu Hause fiel sie laut eigenem Bekunden wie ein Stein ins Bett, wo sie zehn Stunden durchschlief und von diesem Tag an nie mehr unter Schlafproblemen litt. Doch selbst dieses »Wunder«, wie sie es nannte, überzeugte meine Mutter nicht von der Homöopathie. Da war sie streng wie die katholische Kirche, und es dauerte weitere fünf Jahre, ehe ich sie erneut zu einem Besuch überreden konnte, denn »mir fehlt ja nichts«. Ja, zum Glück fehlte ihr nichts, aber die Kügelchen kühlten ihre Hitzewallungen.

Auch bei der Osteopathin wollte sie keinen Termin, obwohl sie wochenlang Rückenschmerzen hatte. »Das ist bloß ein Hexenschuss, der vergeht bald wieder.«

Schließlich schenkte ich ihr eine Behandlung zum Geburtstag, die sie wahrnehmen musste, da es unhöflich wäre, Geschenke zurückzuweisen. Sie verließ die Praxis schmerzfrei, doch ein Anschlusstermin kam nicht in Frage. Aber wenn ich für mich eine Behandlung ausmachen wollte, würde sie mich gern dazu einladen. Als Mutter fühlte sie sich für meine Gesundheit verantwortlich, während ihre der gesetzlichen Krankenkasse oblag. Was die zahlte, würde helfen, alles andere war, selbst wenn ihre eigene Erfahrung dem widersprach, Einbildung, weil es nicht wissenschaftlich erwiesen war. Sonst würde es ja die Krankenkasse bezahlen, oder? In diesem Punkt unterschied sie sich dann doch von der katholischen Kirche, für die Wunder nur gelten, wenn *keine* wissenschaftliche Erklärung vorliegt.

An die goldenen Zeiten der überquellenden Krankenkassen erinnere ich mich auch noch. Als ich zum Einzug in meine erste Wohnung von meiner Mutter ein Apothekenschränkchen geschenkt bekam, bat ich die Hausärztin meiner Eltern um eine Grundausstattung für das Schränkchen. Nasentropfen, Hustensaft, Kopfschmerztabletten. Mir fehlte zwar nichts, aber offensichtlich dem Schränkchen. Die Ärztin stellte mir bereitwillig Rezepte aus, die ich ohne Eigenanteil einlöste und dann gut gelaunt und kerngesund in mein Schränkchen räumte. Dieses Sponsoring konnte ich nicht so lange genießen wie meine Eltern.

Im Allgäu lernte ich einmal einen alten Bauern kennen, der sich den Unterarm gebrochen hatte, der Arzt hatte gepfuscht, sogar ein Laie konnte sehen, dass da was nicht stimmte. Der Unterarm stand schief ab und sah aus, als würde er sehr wehtun.

»Aber das müssen Sie doch richten lassen!«, sagte ich fassungslos.

Der Bauer, er war Mitte siebzig, winkte ab und erklärte mir, was ich mir nach dreimaligem Rückfragen folgendermaßen übersetzte: *Solang ich noch hab, hebt er noch.* In Hochdeutsch: *Solange ich noch lebe, hält der Arm auch noch.*

Es gibt auch Menschen, die gönnen sich nicht mal die Pflichtleistungen.

Spare in der Zeit, so hast du in der Not

Meine Mutter genießt es, die Füße massiert zu bekommen. Dennoch gönnte sie sich eine Fußpflege mit Massage höchstens einmal im Jahr, denn »Zehennägel schneiden kann man selbst«. Auch die Kosmetikerin wurde nur extrem selten bemüht.

Warum? Sie könnte es sich leisten, sie hatte Zeit, es tat ihr gut. Doch die Hemmschwelle, sich selbst zu verwöhnen, schien höher zu sein als der Genuss. Wenn sie sich dann doch dazu durchgerungen hatte, sollte es die günstigste Behandlung sein, und da dauerte die Massage nur drei Minuten. Bei der Kosmetikerin buchte sie das kleine Schönheitspaket, nicht das große, das gerade mal zwölf Euro mehr kosten würde. Und als die Kosmetikerin fragte, ob sie die Augenbrauen zupfen sollte, sagte meine Mutter Nein danke. Als sie später erfuhr, dass das inklusive gewesen wäre, ärgerte sie sich. Sie wollte nichts extra bezahlen, so ist sie. Dahinter steckt ein – gesundes? – Misstrauen, übers Ohr gehauen zu werden.

Ihren dreißigsten Hochzeitstag verbrachten meine Eltern in einem Luxushotel. Mein Vater hatte den Gutschein beim Kegeln gewonnen, anders wären die beiden wohl nicht in der Suite gelandet. Das Candle-Light-Dinner war im Preis inbegriffen, allein die Getränke mussten bezahlt werden. Mein Vater, der diesen Abend schließlich erkegelt hatte, bestellte sich ein Glas Wein. Meine Mutter, als sie las, dass 0,25 Liter Tafelwasser fünf Mark fünfzig kosteten, schöpfte im Waschraum einige hohle Hände Wasser und erklärte meinem verdutzten Vater, dass es sowieso besser sei, vor dem Essen zu trinken. Ein Glas Wasser zu diesem Preis, das sei Wucher, da mache sie nicht mit.

»Ich möchte dir an unserem Hochzeitstag wenigstens ein Glas Wasser bestellen, wenn du schon keinen Wein trinkst«, beharrte mein Vater.

Aber diesmal setzte er sich nicht durch. »Das kannst du gern tun, aber ich werde es nicht trinken.«

Am nächsten Morgen wurde – eine kleine Aufmerksamkeit des Hauses – den reifen Hochzeitern Champagner zum Frühstück serviert. Meine Mutter, die fast nie Alkohol trank, schon gar nicht morgens, leerte das Glas noch vor dem Kaffee und war, wie Papa augenzwinkernd berichtete, »den ganzen Vormittag angetüdelt«. Ich vermute, die beiden feierten einen beschwingten Hochzeitstag.

Zur Kosmetikerin geht meine Mutter noch lieber als zur Fußpflegerin und ebenso selten.

»Mama, ich habe mir heute einen Kosmetik-Termin vereinbart, aber ich kann ihn nicht wahrnehmen, ich muss ganz dringend zu einer Besprechung in den Verlag. Jetzt ist es aber so, dass ich so kurzfristig nicht absagen kann, ich müsste dann die Hälfte bezahlen, kannst du für mich gehen?«, trickste ich sie aus.

»Das will ich auf keinen Fall, dass du die Hälfte bezahlst und gar nichts davon hast.«

»Eben. Meinst du, du könntest einspringen?«

»Wo ist das denn? Ist das weit? Muss ich da Autobahn fahren?«

»Nein, Mama, es ist bei dir am Ort.«

Jetzt wurde sie misstrauisch »Bei *mir* am Ort?«

»Ja, die Dame ist mir empfohlen worden. Und ich wollte einfach mal eine neue ausprobieren.«

»Ach so. Ja dann. Also gut. Ja, ich nehme den Termin.«

Erleichtert beschrieb ich ihr den Weg. Ob sie mich durchschaute? Egal. Überlisten war jedenfalls eine bessere Strategie, als sie ständig zu allem zu zwingen. So wie man es mit Kindern macht. Und vielleicht mit Jungvögeln. Man schubst sie aus dem Nest, und auf einmal merken sie: Ich kann ja fliegen.

Da meine Mutter mit einer Nektarinenhaut gesegnet ist, konnte sie die Kosmetik genießen. Bei ihr gab es nie Pickel, die in unserer Familie Mitesser hießen und vor allem meinen Vater quälten, was er ohne ihre ausdrücklichen Fingerzeige niemals gemerkt hätte. Mitesser waren Mutters Feinde, und sie wurden nicht herausgequetscht, sondern operiert. Meistens samstagabends erklärte sie nach einem kritischen Blick in das Gesicht meines Vaters: »Ich muss dich operieren.« Ohne Widerrede folgte er ihr ins Badezimmer. Papa war ein Held, wie wir Kinder feststellen konnten, er wurde ohne Narkose hinter der geschlossenen Tür operiert und kam dann mit einem rot gefleckten Gesicht oder leichten Quetschungen am Hals heraus, die sich im Laufe des Sonntags grünblaulila verfärbten, aber bis Montagmorgen verblassten, sodass Mama das »Heilfleisch« ihres Mannes lobte und er ihre heilenden Hände.

Am Abend nach dem Termin bei der Kosmetikerin rief sie mich an. »Es war toll! So eine nette Frau!«

»Also hat sich der Besuch gelohnt?«

»Ja, es war sehr schön und entspannend. Und weißt du was?«, verschwörerisch senkte sie ihre Stimme.

»Was denn?«, fragte ich verlegen. Jetzt würde sie mir sagen, dass sie meinen Trick durchschaut hatte.

»Ich hab mir noch einen Termin geben lassen. In drei Monaten.«

»Super«, sagte ich, während ich überlegte, wie ich die Intervalle um die Hälfte reduzieren konnte. Meine Ungeduld ließ mich schon wieder fordernd werden. Es fiel mir so schwer, diplomatisch vorzugehen, ich war und blieb direkt unhöflich. »Was spricht dagegen, dass du alle sechs Wochen zur Kosmetikerin gehst?«, fragte ich beim nächsten Spaziergang mit dem Hund.

»Ach, das habe ich früher gemacht.«

»Früher? Wann denn?«

»Als ich noch bei Siemens gearbeitet habe, bin ich sogar alle fünf Wochen gegangen. Frau Beuler hieß die Kosmetikerin, das war lustig, wegen Beulen. Aber heute sind mir Äußerlichkeiten nicht mehr so wichtig.«

»Und früher war das anders?«

»Na ja, ich wollte schon immer gepflegt aussehen. Einmal habe ich sogar einen Mannequinkurs absolviert.«

Verdutzt starrte ich sie an. »Du hast *was?*«

»Ja, und am besten konnte ich das Laufen. Da war ich richtig gut.«

»Wann war denn das?«, fragte ich.

Sie überlegte. »Du warst schon auf der Welt, dein Bruder noch nicht. Ich bin auf der Straße angesprochen worden.«

»Der Klassiker.«

»Ach ja? Jedenfalls hat Papa nichts dagegen gehabt.«

Natürlich, ohne seine Zustimmung wäre nichts gelaufen.

»Wir haben gedacht, so könnte ich ein bisschen dazuverdienen. Papa hat gesagt, das ist eine gute Investition, ich glaube, zweihundert Mark hat der Kurs gekostet, das war eine Menge Geld.«

»Du hast als Model gearbeitet?«

»Mannequin hat man damals gesagt. Nicht so wie bei Heidi Klum. Wir durften uns immer satt essen. Aber wenn ich mir das ansehe, glaube ich, dass ich beim Topmodel früher durchaus hätte mitlaufen können. Meine Lehrerin, die war selbst ein bekanntes Mannequin, hat mich jedenfalls sehr gelobt.«

»Du hast bei einem Supermodel Unterricht genommen?«

»Ach, ihr immer mit euren Übertreibungen. Sie war halt ein Mannequin.«

»Und wie hat sie geheißen?«

Meine Mutter überlegte. »Erika irgendwas. Ich weiß nicht mehr. Oder … vielleicht Weigt, Erika Weigt. Aber ich bin mir nicht sicher. Dann bin ich schwanger geworden, und aus war es.«

»Hat dir das leidgetan?«

»Nein, wieso denn? Ich war doch glücklich.« Sie lächelte, und ich sah, dass sie in Gedanken ganz in dieser Zeit weilte. Eine junge Frau Anfang zwanzig in ihrer ersten eigenen Wohnung – Wirtschaftswunder, Waschmaschine, Auto mit Zwischengas, toupiertes Haar, eng geschnittene Kostüme, Rock überm Knie, Pfennigabsätze.

»Papa wollte dann immer, dass ich für ihn laufe«, schmunzelte sie. »Vor allem, wenn Besuch kam.«

»Nein!«, rief ich. Das waren ja völlig neue Moden bei meinen Eltern.

»Doch«, lachte sie. »Im Wohnzimmer sollte ich auf und ab gehen. Aber das habe ich nicht gemacht.«

»Kannst du es noch?«

»Ich glaub schon. Ich habe es ja noch lange geübt, auch als dein Bruder auf der Welt war, bin ich oft mit einem Buch auf dem Kopf herumgelaufen. So haben wir das damals gelernt.«

Ganz weit weg und sehr verschwommen tauchte eine Erinnerung in mir auf. Mama mit Buch auf dem Kopf beim Bügeln.

»Zeig doch mal«, forderte ich sie auf und war sicher, sie würde sich zieren. Von wegen! Sie schlängelte sich aus dem Gurt ihrer Tasche, drückte sie mir in die Hand und lief los. Eine schlanke weißhaarige Frau mit gerader Haltung, leichtem Hüftschwung und einem Funkeln in den Augen. Meine Mutter.

Schönheit muss leiden

»Deine Mutter sieht toll aus«, komplimentierte Veronika, die sie kurz gesehen hatte, als sie den Hund zum Gassi abholte.

»Ja. Das finde ich auch«, sagte ich ein bisschen stolz.

»Macht sie da was?«

»Wie, was machen?«

»Na ja, Schönheits-OPs eben.«

Ich platzte laut heraus. »Meine Mutter? Niemals! Ihre Schönheitspflege bestand jahrzehntelang aus der runden blauen Dose.«

»Ach, wirklich?«

»Ja.«

»Dann kannst du dich ja entspannt zurücklehnen bei solchen Genen.«

»Ich weiß nicht«, zweifelte ich. »Ich glaube, ich habe heute schon mehr Falten als sie.«

»Du spinnst«, grinste Veronika, zögerte. »Deine Mutter hat auch kein Problem mit dem Alter, oder?«

»Wie, mit dem Alter? Nein, wieso?«

»Meine Mutter leidet total unter ihrem Alter. Sie hat bereits mehrere Schönheits-OPs hinter sich. Mit sechzig hat sie sich den Busen machen lassen, danach eine Fettabsaugung, und ich weiß nicht, was noch alles. Sie spricht nicht mehr darüber, weil ich total dagegen bin. Aber ich bin sicher, sie hat Botox im Gesicht. Ehrlich gesagt sieht sie schrecklich aus, wie eine Maske. Sie benimmt sich auch nicht wie eine Frau ihres Alters, also mit zweiundsiebzig. Sie läuft in Klamotten rum, die würde ich meinen Töchtern verbieten. Und wenn ich sie darauf hinweise, sagt sie, man ist so alt, wie man sich fühlt.«

»Und dein Vater?«

»Der ist fünfundsiebzig und gibt sich, als wäre er hundert. Er ist in einer Tour am Jammern und Klagen. Hier zwickt was, da hat er ein Pickelchen entdeckt. Dabei ist er kerngesund. Ich komme mir vor wie im Irrenhaus. Sie beschäftigen sich nur mit Äußerlichkeiten.«

»Vielleicht ist es ihre Strategie, Aufmerksamkeit zu erhalten?«

»Ich dachte, sie kommt einfach nicht mit dem Abschied von ihrer Attraktivität zurecht. Sie versucht sie mit allen Mitteln zu konservieren. Aber was bleibt, wenn die Schönheit bröckelt?«

»So hab ich das noch nie betrachtet«, gestand ich. »Ich meine, dass unsere Mütter auch ein Problem mit dem Älterwerden haben können. Ich kenne das nur aus meinem Freundinnenkreis. Wir sind ja auch nicht mehr taufrisch.«

»Also, bei deiner Mutter musst du dir da mal keine Sorgen machen.«

»Ja, das glaube ich auch«, sagte ich nachdenklich. »Aber nicht, weil sie sich so gut gehalten hat, sondern weil das Alter insgesamt nie ein Problem für sie war, sondern normal.«

»Ich hoffe, das kann ich meinen beiden Töchtern vorleben«, seufzte Veronika.

»Wie finden sie denn ihre Teenie-Oma?«, fragte ich.

»Leider cool«, seufzte Veronika.

»Ja, so ist das heute«, sagte ich, und meine Oma fiel mir ein. Mehlbestaubte Küchenschürze vor dickem Bauch, drei schwarze Haare am Kinn, die dritten Zähne werktags im Wasserglas, weicher Busen, warme Hände, weites Herz.

Trautes Heim, Glück allein

Tagelang sträubte sich meine Mutter, doch als mein Bruder und seine Frau ihr hoch und heilig versprachen, sich um Papa zu kümmern, willigte sie ein, drei Tage mit mir in einem Wellnesshotel zu verbringen, »mit allen Schikanen«, so verabschiedete mein Vater uns und meinte damit Pediküre, Maniküre, Massage. Wir bezogen unser Zimmer, meine Mutter räumte ihre Sachen in Schrank und Regale. Nach kurzer Zeit sah das Zimmer aus, als wohnten wir hier seit Jahren. Alles hatte seinen Platz. Sogar der Stapel ausgepackter Taschentücher durfte nicht fehlen, es könnte ja mit Tempo gehen müssen, und dann hat man das Schnäuztuch griffbereit. Genauso hatte ich es einmal Johannes erklärt, als er mich fragte, warum es bei uns Taschentücher nur lose gab. Im Badezimmer ordentlich aufgereiht die Proben aus der Apotheke, hier konnte man sie endlich einmal verwenden. Als meine Mutter die leeren Taschen unter den Schrank geschoben hatte, legte sie sich ins Bett. Ich wunderte mich.

»Bist du müde?«

»Nein, ich warte, bis du fertig bist«, sagte sie, und ich merkte, dass sie mir einfach nicht im Weg sein wollte, sie hatte sich sozusagen selbst aufgeräumt.

»Ich muss nur noch geschwind eine Mail beantworten.«

»Tu so, als wäre ich gar nicht da«, antwortete sie und zog die Decke bis zum Kinn in ihrem Bemühen, mich nicht zu stören. Wie einfach sie es mir immer machte. Ich wusste von Müttern, deren Anspruchshaltung ihre Töchter an den Rand des Wahnsinns trieb. Spurten die Töchter nicht, wurde der Druck erhöht.

Melanies Mutter rief sie täglich bis zu zehn Mal an. Und wenn Melanie nicht abhob, war das erst recht keine Erleichterung: »Noch schlimmer als meine Mutter ist mein schlechtes Gewissen meiner Mutter gegenüber.«

Und *meine* Mutter? Verlangte nichts, ruhte brav auf dem Kissen – pflegeleicht wie die Hotelbettwäsche.

Das kleine Mädchen, das noch immer in ihr steckte, fiel mir ein. Die Freundin meiner Großmutter hatte mir die Geschichte erzählt. Im Hungerwinter nach dem Krieg, die Not war groß, sparte meine Oma eisern, um meiner Mutter ein Paar Schuhe zu kaufen. Meine Großmutter trichterte meiner Mutter ein: »Achte gut auf die Schuhe!«

Das nahm sich meine Mutter so sehr zu Herzen, dass sie, als sie beim Spielen bemerkte, in Schotter zu stehen, keinen Schritt weitergehen wollte, um die schönen neuen Schuhe nicht kaputt zu machen. Es dämmerte schon, als sie von einer fremden Frau gefunden wurde, die sie huckepack nach Hause trug. Als Kind wurde mir diese Geschichte als Beispiel mustergültiger Artigkeit vorgehalten. In einer modernen Übersetzung wäre es eine sehr traurige Geschichte.

Vom Hotel aus rief meine Mutter alle zwei Stunden meinen Vater an, um sich zu vergewissern, dass es ihm gut ging. Nach den Gesprächen wirkte sie wie aufgetankt. Gewiss, sie versorgte ihn, er war abhängig von ihr. Doch er gab ihr auch das Gefühl, gebraucht zu werden. Alle Studien über das Alter kommen zu dem Schluss, dass Gebrauchtwerden die Menschen am Leben hält und auch ihre Abwehrkräfte stärkt. Meine Mutter sagte oft, eine Grippe könnte sie sich gar nicht leisten. Wer würde sich dann um Papa kümmern?

Es rührte mich, wie meine Mutter jede Sekunde unseres Wellnessaufenthaltes genoss, und sie war voll des Lobes für alle Servicemitarbeiter, als wären ihre Dienstleistungen Geschenke. Vielleicht fühlte sich die freie Zeit so für sie an. Einmal nicht kochen, Tisch decken, abräumen, aufräumen, putzen … zu Hause gab es nie eine Pause. Auch wenn mein Vater nicht dement wäre, würde er mitnichten auf die Idee kommen, im Haushalt zu helfen, das wäre ja, als würde er ein rosa Täschchen durch die Münchner Innenstadt schlenkern. Die Küche betrat er nur, wenn er die Temperatur einer Flasche Wein überprüfen wollte, die selbstverständlich meine Mutter in den Kühlschrank gestellt hatte – auf seine Bitte hin.

Beim Dessert wirkte meine Mutter auf einmal ein wenig bedrückt. Musste sie Papa anrufen, um aufzuladen?

»Was ist?«

»Nichts.«

»Raus damit.«

»Ich will dir den Abend nicht verderben.«

»Jetzt bin ich aber gespannt.«

»Nein, es geht mich ja auch nichts an.«

Ich wartete.

Sie seufzte schwer. »Also, es ist, weil ich mir überlege, wie das mal wird, wenn du so alt bist wie ich. Wo du doch keine Kinder hast. Wer fährt denn dann mit dir zum Wellness und kümmert sich um dich? Du hast ja niemanden. Du bist ganz allein. Das ist schrecklich für mich.« Ihre Augen schimmerten feucht. Und sie hatte recht. Es war schrecklich. Denn wenn ich ihr darauf ehrlich antworten würde, wäre unser beider Abend verdorben. So hielt ich es wie ein Elternteil, der sein Kind vom Kummer ablenken möchte.

»Ich hab ja meine Freundinnen«, sagte ich locker in der Hoffnung, das Thema damit abzuschließen.

»Aber Freundinnen sind keine Familie«, blieb sie am Ball.

Zum Glück, dachte ich und sagte: »Und Johannes ist auch noch da«.

»Aber er könnte einmal … weg sein.«

»Ja.«

Sie rang nach Worten: »Familienbande sind doch etwas ganz anderes.«

»Gewiss«, sagte ich. Familienbande sucht man sich nicht aus. Sie sind unfreiwillig, gezwungen; wenn man Pech hat, kämpft man sein ganzes Leben lang mit einer beschissenen Kindheit.

»Als Familie hält man einfach zusammen«, führte sie aus.

Ich nickte. Weil man muss, weil es sich so gehört, weil man aneinandergekettet ist, weil man sonst ein schlechtes Gewissen hat, weil die Familie das Rudel ist, und ganz tief drin sind wir wie Tiere und folgen der Fährte unserer Gene. Freundschaft ist freiwillig. Also geht man sehr achtsam damit um. Menschen, die sich so behandeln, wie es in Familien oft gang und gäbe ist, wären nicht befreundet, sondern würden sich aus dem Weg gehen.

»Wenn ich gelegentlich von Frauen in meinem Alter höre, die keine Kinder haben, tun sie mir immer leid, die Armen«, sagte meine Mutter.

Mir taten manche meiner Freundinnen leid, die geradezu zerfressen waren von den Sorgen um ihre Kinder. Drogen, Streit, Magersucht. Und mir taten die Frauen leid, die ihr Lebensglück auf die Schultern ihrer Kinder legten, und ihre Kinder auch. Aber für viele Frauen wie meine Mutter waren Kinder eben eine Art Leiter zur Ebenbürtigkeit mit dem Mann.

Meine Mutter legte ihre Hand auf meine. »Kinder sind einfach das größte Glück im Leben, und es macht mich so traurig«, sie schniefte, »dass du keine hast.«

»Ich hab ja meine Bücher«, verschanzte ich mich in der Sachebene.

»Bücher sind nicht lebendig.«

Jetzt ging es doch ans Eingemachte. »Für mich sind sie sehr lebendig. Im Grunde genommen sind Menschen atmende Bücher.«

»Also, ich weiß nicht … das kann man doch nicht vergleichen.«

»Zum Glück«, entfuhr es mir.

»Die Familie ist jedenfalls immer da.«

»Es ist auch ganz schön, mal jemand Neuen kennenzulernen«, sagte ich locker.

»Aber …«, begann sie.

»Familie allein macht noch keine alte Frau froh«, unterbrach ich sie mit einem Kalenderspruch. So hartnäckig kannte ich sie gar nicht. Meine sensible Mutter merkte sonst sofort, wenn ein Thema brenzlig wurde, aber dieses schien ihr auf den Nägeln zu brennen. Die Löschung geschah unerwartet, und am liebsten hätte ich mich bei dem Kellner bedankt, dem eine Flasche Wein aus der Hand glitt. Genug Alkohol für einen flüssigen Themenwechsel.

Im Wein liegt Wahrheit

»Wenn du einmal selbst Kinder hast«, lautete früher ein Standardsatz meiner Mutter, »wirst du mich verstehen.«

Ist es tatsächlich eine Voraussetzung, Kinder in die Welt zu setzen, um die eigenen Eltern zu verstehen? Ist man ein schlechter Mensch, wenn man den Generationenvertrag mit den leiblichen Verwandten nicht verlängert? Oder ist das in unserer modernen Zeit ohnehin veraltet? Wir bekommen keine Kinder mehr, um im Alter versorgt zu sein, und viele versorgen ihre Eltern nicht mehr im Alter, darum soll sich Vater Staat kümmern. Es gibt Kinder, denen sind ihre Eltern egal. Oder sie sind ihnen lästig. Es gibt auch Eltern, denen ihre Kinder egal oder lästig sind. Aber so was sagt man nicht. In der Eltern-Kind-Beziehung wird viel unter den Teppich gekehrt.

Meine Mutter hat mir kein einziges Mal Enkelstress gemacht, und das rechne ich ihr hoch an. Ich erinnere mich gut an Mütter von Freundinnen, die ihre Töchter massiv unter Druck setzten. Verschleierter Blick, feuchte Augen. *Wenn ich nur ein Enkelkind hätte!* Auch Prämien wurden in Aussicht gestellt. *Dann könntest du ins große Haus ziehen.* Ja, dann könnte die Mutter als Oma da weitermachen, wo sie aufgehört hat, eine Generation nach der anderen flügge kriegen. Diesen Vertrag habe ich nach sehr gründlichem Lesen nicht unterschrieben. Ich habe es mir nicht leicht gemacht in meiner jahrelangen Schwangerschaft mit den Zweifeln, die weit in meine Zukunft reichten.

Die Entscheidung gegen ein Kind wirst du eines Tages bereuen. Jetzt bist du jung. Doch auch du wirst älter. Und dann.

Und dann?

Dann wirst du es bitter bereuen.

Und was? Bitter bereuen werde ich müssen, wenn ich einsam und allein und von allen verlassen in einem Altenheim dahinvegetiere. Ohne liebe Kinder, die mich besuchen, alle zwei Wochen für fünfzig Minuten, mit nervösen Blicken die Wände entlanghetzen und mit den Füßen wackeln, immer auf dem Sprung, gerade mal mit einer Pobacke auf dem Stuhl. Jedes Mal bringen sie mir Pralinen mit, dabei habe ich die noch nie gemocht. Kekse wären mir lieber, aber die kriege ich nicht, obwohl ich es schon öfter gesagt habe. Unruhig sitzen sie vor mir und fragen mich immer wieder das Gleiche: wie es geht und was ich so mache den ganzen Tag und was es zu essen gegeben hat heute, gestern, vorgestern. Ich weiß nicht, ob sie allmählich vergesslich werden, man kann doch nicht bei jedem Besuch dieselben Fragen stellen. Sie tun mir leid, auch weil sie offenbar mit ihrem Zeitmanagement überfordert sind, denn kaum sind sie bei mir, erzählen sie mir von einem anderen Termin, den sie vergessen haben, sodass sie leider, leider nicht lange bleiben können. Was ist denn das für ein Chaos? Es deprimiert mich, mitanzusehen, wie unorganisiert sie sind – kein schönes Gefühl, wenn man einen dermaßen zerstreuten Nachwuchs hinterlässt. Von mir aus könnten sie gern wegbleiben, es interessiert mich auch nicht besonders, was sie tun, denn sie erzählen seltsam, so sprunghaft, und sie sprechen komisch mit mir, als würden sie in einer Fremdsprache reden. Augenkontakt können sie auch nicht halten, weil sie ständig auf ihre elektronischen Lebenshelfer starren und überhaupt! Was für eine schlechte Haltung sie haben. Da kriege ich vom Anschauen schon Rückenschmerzen. Nein, so habe ich mir das alles nicht vorgestellt!

After Eighty

Natürlich habe ich mich selbst auch gefragt: Wer wird mich zum Gedächtnistraining animieren oder mir ein Haustier schenken, mich in einer Sportgruppe anmelden, mir einen großen Kalender kaufen, ein neues Telefon mit Riesentasten besorgen – und die Antwort ist ganz einfach: ich selbst, und es wird mich in Schwung halten und weniger anstrengen, als wenn ich ständig bitten müsste und warten. Ich weiß von einigen älteren Menschen, die sich gedemütigt fühlen, weil sie so schlecht behandelt, weil ihre Bedürfnisse nicht ernst genommen werden. Man lässt sie warten, macht sich über sie lustig, spricht mit ihnen, als wären sie geistig behindert. Welcher Enkel hat heute noch Zeit, sich neben Omi zu setzen und mit ihr Fotos von früher anzuschauen, wie es die weißhaarigen gedauerwellten Damen gerade in der Weihnachtszeit in der Werbung zelebrieren? Hin und wieder schiebt ihnen der Enkelsohn eine Praline in den Mund, während aus der Kaffeetasse im guten Porzellan mit Enzian ein wunderbarer Duft aufsteigt. Und Opa ist auch wieder froh, weil er endlich die richtige Salbe für seine schmerzenden Knie gefunden hat. Jetzt muss er die Zähne nicht mehr zusammenbeißen, sondern kann sie entspannt in ihr Kukident-Bad legen. Und alle sind glücklich. Nur ich werde enkelseelenallein sein. Im Moment betrübt mich das nicht die Kaffeebohne.

Aber meine Mutter machte sich Sorgen um meine Zukunft. So holte ich tief Luft und versicherte ihr, dass ich in meinem Leben nichts vermisste, dass ich sehr dankbar war, weil es mir so gut ging. Und wenn ich einmal nicht mehr für mich sorgen, wenn ich mich nicht mehr selbst um alles kümmern könnte, dann würde mir die bloße Existenz einer Tochter, eines Sohnes, eines Enkelkindes auch nicht weiterhelfen. Es käme auf die Qualität der Beziehung an. Wäre es mir gelungen, sie lebendig zu gestalten? Meine Mutter wusste aus eigener Erfahrung, dass Kinder beruflich eingespannt sein können. Und dass mit mir nicht unbedingt immer gut Kirschen essen ist. Und es war auch fraglich, ob ich den leider nicht vorgeschriebenen Eltern- beziehungsweise Mutterführerschein bestanden hätte. Womöglich hätten meine erwachsenen Kinder ein für alle Mal genug von mir, was zwar in gewisser Hinsicht mein Erziehungsziel gewesen wäre, mich allerdings von der generationenübergreifenden Fürsorge ausgeschlossen hätte. Kinder allein sind kein Garant für ein behütetes Alter. Enkel können auch ausbüxen nach Australien. Ich selbst könnte an Demenz leiden und gar nicht wissen, dass ich Enkel habe – ich doch nicht mit meinen knackigen siebzehn. Manchmal sterben Kinder auch vor den Eltern, Enkel vor den Großeltern.

Ich fasste meine Gedanken zusammen und nahm die Abkürzung: »Wenn ich so leben würde wie du«, sagte ich zu meiner Mutter, »wäre ich todunglücklich.«

Erschrocken schaute sie mich an.

»Und wenn du so leben müsstest wie ich, wärst du es«, fuhr ich fort und rechnete nicht im Geringsten mit einem Widerspruch, ich kannte doch meine Mutter.

Da sagte sie: »Vielleicht auch nicht«.

Verwundert schaute ich sie an.

»Wenn ich heute noch mal jung wäre«, führte sie aus, »würde ich manches anders machen. Wenn man jung ist, kann man sich eben nicht vorstellen, wie es mal wird. Und da passieren dann Fehler, weil man die Konsequenzen nicht ahnt. Jedenfalls ist es nicht so einfach, wie du glaubst, du redest dir da manches schön und stellenweise auch ziemlich leicht daher; aber es freut mich, dass du so positiv in die Zukunft blickst. Nimmst du noch Nachtisch?« »Unbedingt!«

Die erfundene Tochter

Ich stelle mir vor:

Ich bin über achtzig und lebe mit meinem Mann in einer Zweizimmerwohnung in der Stadt. Das Haus auf dem Land haben wir aufgegeben, es war zu groß und erst recht der Garten, das haben wir nicht mehr geschafft. Mein Mann hat Alterszucker und sieht schlecht. Außerdem ist er nicht mehr gut zu Fuß. Ich bin schwerhörig und habe eine Reihe von Zipperlein, zum Glück keinen Zipper. Aber ich bin sehr oft antriebslos, müde, gelegentlich schon vormittags erschöpft. Mit vereinten Kräften schaffen wir den Haushalt. Wir wollen keine Hilfe. Wir wollen alles so machen, wie wir uns wohlfühlen. Das findet unsere Tochter unmöglich. Sie kommt einmal in der Woche, verdreht die Augen und seufzt und lamentiert. Wie es in der Küche aussieht, warum da nicht abgespült ist, dass die Schränke kleben, dass man sich nicht von Reis und Nudeln ernähren kann. Ständig sagt sie: So kann es nicht weitergehen.

Wir fühlen uns aber wohl. Es ist unser Leben.

Die Tochter sagt, dass sie jetzt jemanden von der Caritas kommen lässt, dass wir Essen auf Rädern brauchen und eine Haushaltshilfe und dass sie sich kümmern wird.

Das wollen wir aber nicht. Es ist unser Leben.

Die Tochter will mich zum Ohrenarzt schleppen, ich soll ein besseres Hörgerät bekommen, sie will es auch bezahlen, doch ich will gar nicht alles hören. Ich schalte gern ab, und mein Mann und ich verstehen uns auch ohne Worte.

Die Tochter will, dass mein Mann sich die Hüfte operieren lässt, dann könnte er wieder laufen und hätte mehr Spaß am Leben, aber das wollen wir nicht, weil unser Nachbar, der Herr Schorer, nach seiner Hüftoperation nie mehr auf die Beine gekommen ist und Tag und Nacht Schmerzen hatte.

Wir möchten, dass alles so bleibt, wie es ist. Wir wollen unser Leben weiterführen. Ein gutes, ein schönes Leben. Unser Leben.

Und wenn einer von euch geht?, fragt die Tochter.

Wohin?, fragt mein Mann, und ich bemühe mich, ernst zu bleiben.

Gemeinsam beobachten wir, wie sie mit sich ringt. Bis sie sagt: Man lebt nicht ewig.

Sie meint es ja nur gut.

Aber wenn sie weg ist, atmen wir beide auf und machen es uns wieder gemütlich in unserer Welt.

Annabeln

»Wie stellst du dir eigentlich die Zukunft vor?«, fragte ich meine Mutter beim Abendessen am nächsten Tag. Schließlich hatten wir gestern über meine Zukunft gesprochen.

»Wenn es so bleibt, wie es ist, bin ich zufrieden.«

»Und wenn du Papa mal nicht mehr versorgen kannst?«

»Ich werde ihn immer versorgen.«

Sie sprach nicht gern über die Zukunft. So ist das wohl im Alter. Als Jugendlicher macht man sich viele Gedanken über die Zukunft, alles noch ungewiss, alles noch offen, Zeit bis zum Ende der Welt und wenig Verpflichtungen – Wunder sind möglich, die Hoffnung groß. Und wird immer kleiner, je mehr Zeit verstreicht. Einst fragten mich meine Eltern: Wie stellst du dir deine Zukunft vor? Heute frage ich meine Mutter mit demselben mahnenden Unterton. Bei mir ging es damals gut, aus mir ist was geworden. Doch zuweilen bin ich noch immer ihr Kind und lasse mich päppeln.

Auf der Heimfahrt vom Wellnessen entdeckte ich im Schaufenster einer Boutique neben einer Ampel eine Jacke.

Ich zeigte sie meiner Mutter: »Die sieht ja cool aus!«

»Dann schenke ich sie dir«, sagte meine Mutter, ohne den Preis zu kennen, noch dazu in einer Boutique.

»Quatsch, ich brauch keine Jacke. Ich habe mehr, als ich anziehen kann.« Es wurde grün, ich fuhr los.

»Probier sie doch wenigstens mal an.«

»Nein, nein, ich fahre dich jetzt nach Hause. Papa wartet bestimmt schon auf dich.«

»Ich will, dass du jetzt anhältst. Sofort.«

Mama befahl! Ich legte eine Vollbremsung hin.

Kurz darauf schlüpfte ich in die Jacke. Sie war wie für mich gemacht.

»Sehr schön!«, lobte meine Mutter.

»Sehr schön«, echote die Verkäuferin und lockte meine Mutter: »Ihnen könnte sie auch stehen.«

»Ja, Mama, zieh sie doch mal an!«

»Meinst du?«, fragte meine Mutter.

Ich reichte die Jacke meiner Mutter. Sie war ihr im Brustbereich ein bisschen zu eng.

Die Verkäuferin brachte eine Nummer größer. Meine Mutter und ich drehten uns vor dem Spiegel, jede in ihrer Jacke. »Wie angegossen«, sagte die Verkäuferin zu meiner Mutter. »Und passt sehr gut zu Ihrem Teint.«

»Sollen wir beide kaufen?«, fragte ich meine Mutter etwas Unglaubliches. Nie, nie, nie im Leben hätte ich mir vorstellen können, in derselben Klamotte wie meine Mutter herumzulaufen. Alles, aber nicht das.

»Ich brauch keine Jacke«, sagte meine Mutter.

»Stimmt, das wäre Quatsch. Aber ich könnte dir dann meine leihen.«

»Gute Idee!«

»Sollen wir die größere nehmen, die dir bequemer ist? Vielleicht wächst der Busen bei mir ja auch ab sechzig wie bei dir, und dann bin ich froh um den Spielraum.«

Wir lachten. Die Verkäuferin hielt uns wahrscheinlich für vollständig durchgeknallt. Nicht abgenabelte Mutter-Tochter-Beziehung. Sie hatte ja keine Ahnung, dass wir erst seit Kurzem annabelten. Wir standen schon auf der Straße, da wurde mir die Bedeutung dieses Moments klar.

»Mama, wir brauchen ein Foto von uns in den Jacken.«

»Das geht doch nicht, wir haben schon eingekauft.«

»Klar geht das! Kunde ist König.«

Ein bisschen widerstrebend folgte sie mir, und die Verkäuferin fotografierte uns. Dann reichte sie mir mein Smartphone und sagte leise, es klang traurig: »So eine Mutter habe ich mir immer gewünscht.«

Studientreffen

Ich war tief erschüttert, als ich Herrn Bergmann nach vielen
Jahren wiedersah. Der Vater meiner Freundin Caro hatte uns
als Kindern Gespenstergeschichten vorgelesen und die spuken-
den Wesen zum Fürchten lebendig werden lassen. Als Geistes-
wissenschaftler kannte er sich mit Geistern aus, daran zweifelte
ich kein bisschen. Herr Bergmann sah noch immer aus wie
Herr Bergmann. Aber seine Augen irrten durch den Raum. In
seinem weißen Bart hingen Apfelreste, er hielt die Frucht in
der Hand, hatte sie aber anscheinend vergessen, und er roch ein
wenig streng. Caro hatte mich darauf vorbereitet.

»Du wirst ihn nicht wiedererkennen«, hatte sie gesagt.

Aber ich wollte ihn unbedingt noch einmal besuchen, als ich
von Caro hörte, dass es mit ihrem Vater zu Ende gehe. Dabei
stand er nur ein klein wenig gebückt, und er bewegte sich auch
flott, wenngleich mit Tippelschritt. Caro hatte seinen Geist gemeint, nicht seinen Leib.

»Wie schön, dass Sie mich wieder einmal besuchen«, begrüßte er mich, und ich warf Caro einen triumphierenden Blick
zu. Siehst du, er kennt mich noch. Nein, er kannte mich nicht
mehr, er begrüßte seine Tochter mit dem gleichen Spruch. Leider kamen wir ungelegen, wie er uns mitteilte. Er hatte zu tun.
Heute wurde nämlich der Biomüll abgeholt. Herr Bergmann
schob uns beiseite, tippelte zur Garage, kippte die Biotonne
und rollte sie vor zur Straße. Die polnische Haushaltshilfe sagte
»Zweiundzwanzig« zu Caro.

Fragend schaute ich sie an.

»Das bedeutet, dass er die Tonne heute schon zweiundzwanzig Mal zur Straße gerollt hat«, erklärte sie mir. »Maria rollt sie dann wieder zurück. So geht das tagein, tagaus. Das Einzige, was meinen Vater noch interessiert, ist der Abfuhrkalender. Er beschäftigt sich nur noch mit einem Thema: Müll. Wann wird welcher Müll entsorgt, Plastik, Papier, Restmüll, Bio? Das ist sein Lebensinhalt.«

»Das ist ja schrecklich!«, rief ich.

»Ja«, sagte Caro. »Schrecklich.«

»Und warum sperrst du die Tonnen nicht weg?«

»So hat er wenigstens Bewegung. Man kann sie ihm nicht wegnehmen, dann wird er wütend. Einmal hat er Tabletten bekommen, Psychopharmaka, aber das ist wegen den Nebenwirkungen schwierig. Er hat ja auch Herzprobleme. Der Hausarzt meint, wir sollen ihn laufen lassen, so ist er beschäftigt.«

Wir blieben dreißig Minuten. Mit Müh und Not gelang es Caro, ihren Vater von Mülltour Nummer dreiundzwanzig abzuhalten. Als wir wegfuhren, sahen wir ihn zur Tonne tippeln.

»Wenn Maria sie nicht zurückbringen würde, dann würde er doch glauben, er hat sie schon zur Straße gerollt?«, fragte ich.

»Wir haben alles probiert«, sagte Caro. »Glaub mir, es gibt keine Lösung. Man muss ihn den Müll transportieren lassen. Das ist die einzige Möglichkeit, ihn im Gleichgewicht zu halten.«

»Und du? Wie ist das für dich?«, fragte ich sie.

»Ich habe einen langen Weg hinter mir«, gestand sie mir. »Jetzt komme ich ganz gut damit klar. Wenn man ihm die Tonnen lässt, wirkt er ausgeglichen. Und darum geht es doch, oder? Klar ist das fürchterlich. Aber ich muss mich vom Inhalt frei machen. Vielleicht sind es gar keine Mülltonnen für ihn. Vielleicht sind es seine alten Philosophen, ich habe keine Ahnung.«

Ich kicherte. »Du meinst, er verwechselt die Tonnen mit Platon, Sokrates und Konsorten?«

»Warum nicht?«

»Und wer ist wer? Aristoteles für die Papiertonne und Epikur für den Restmüll der Wohlstandsgesellschaft?«

Sie seufzte. »Es ist leichter für mich, seitdem ich ihn als Vater aufgegeben habe.«

»Wie?«

»Ich habe ihn doch immer Paps genannt, erinnerst du dich?«

»Ja.«

»Eines Tages habe ich gemerkt, dass ich Papa sage. Jetzt ist er halt ein Papa. Meinen Paps von früher gibt es nicht mehr. Also der Paps, der sich um mich gekümmert hat. Jetzt kümmere ich mich um meinen Papa, wenigstens ein bisschen, wie du siehst. Ich komme einmal in der Woche vorbei, Maria wohnt im Haus, und wenn sie frei hat, springt eine Dame von der Nachbarschaftshilfe ein.«

»Und deine Mutter?«

»Meine Mutter?« Caro lachte. »Die hat ihn verlassen. Mit siebzig ist sie ausgezogen.«

»Nein!«

»Doch.«

»Wegen der Tonnen?«

»Nein, da war er noch er selbst. Sie hat sich verliebt.«

»Ich glaub es nicht!«

»Sie wollte einmal an sich denken, nachdem sie ihr ganzes Leben in seinen Dienst gestellt hat. Sie hat gesagt, sie hat ihre Schuldigkeit getan. Sie haben sich im Guten getrennt.«

»Und jetzt?«

»Lebt sie auf Teneriffa mit ihrem Freund.«

»Und wie geht es ihr?«

»Sehr gut. Sie sagt, sie ist froh, dass sie den Mut hatte. Du kannst dir bestimmt vorstellen, dass es nicht leicht war. Ihre

Freunde ächten sie seither.« Caro schüttelte den Kopf, als könnte sie es selbst kaum fassen. »Ja, meine Mutter hat mit siebzig noch einmal komplett neu angefangen.«

»Theoretisch kann man das immer. Bis zum letzten Atemzug.«

»Ja.«

»Glaubst du, sie hat deinem Vater das Herz gebrochen?«

Caro lachte. »Meinem Vater? Soll ich dir mal aufzählen, wie viele Verhältnisse er hatte?«

»Ach so«, staunte ich verblüfft.

»Ja, mein lieber Vater hat nichts anbrennen lassen.«

»Das wusste ich nicht.«

»Das wusste niemand. Dafür hat meine Mutter gesorgt. Sie hat ihm geholfen, es zu vertuschen, damit die Fassade glänzt.«

Tante Tini fiel mir ein. Alle Frauen der Freunde meines Vaters waren meine Tanten und die Freunde die Onkel. Tante Tini war mit Onkel Georg verheiratet, und der war, wie ich den Erwachsenen abgelauscht hatte, Weltmeister im Seitenspringen. Was ich auch versuchte mit meinem Springseil, ich drehte die Hüfte mal nach links, mal nach rechts, aber Seitenspringen machte keinen Spaß. Und ich verstand auch nicht, warum Tante Tini Wert darauf legte, dass Onkel Georg beim Seitenspringen immer eine saubere Unterhose trug und sogar stolz darauf war. Ehrensache sei das, hatte sie mehr als einmal betont. Erwachsene waren komisch.

»Aber warum hat deine Mutter dann auf einmal keinen Wert mehr auf die Fassade gelegt?«, fragte ich Caro.

»Sie hat eine Statistik gelesen, laut der eine heute fünfundsechzigjährige Frau noch einundzwanzig Jahre vor sich hat. Da ist es ihr wie Schuppen von den Augen gefallen, dass sie ihre restliche Lebenszeit nicht mit meinem Vater verbringen will. Das kannte sie doch alles schon, und es würde ja nicht besser werden. Es wäre ihr vorgekommen, als würde sie den Rest ihres

Lebens nur noch absitzen, so hat sie es wörtlich gesagt. Sie ist dann erst mal ins Gartenhaus gezogen. Getrennt hat sie sich, nachdem sie sich verliebt hat. Das hat ihr die Kraft gegeben, wirklich einen Schlussstrich zu ziehen; sie hat das Haus hier und vor allem den Garten sehr geliebt. Sie war die Vorsitzende im Ortsverschönerungsverein und hat jahrelang den ersten Preis eingeheimst.«

»Hast du es ihr übel genommen, dass sie deinen Vater verlassen hat?«

»Nein. Als ich Kind war oder auch später, als meine Kinder zur Welt kamen, da hätte ich es nicht verstanden, allerdings aus sehr egoistischen Motiven. Sie hätte mir als Babysitterin gefehlt. Heute finde ich es super, sie hat meine volle Unterstützung. Und sie ist mir auch ein Vorbild.«

»Wie alt ist ihr Freund?«

»Fünf Jahre jünger.«

»Und was macht sie auf Teneriffa?«

»Genau das, was sie will. Was ihr gefällt. Ihr eigenes Leben führen«, lächelte Caro. »Endlich.«

Der schiefe Haussegen

Ich hatte eben einen Satz geschrieben, dass ich meine Hand dafür ins Feuer legen würde, dass meine Eltern sich immer treu waren. Ich habe ihn gelöscht. Wie kann ich das wissen, ich bin ihr Kind, kenne nur einen Ausschnitt. Mein Mann hat fünf Geschwister, und wenn sie von ihren Eltern sprechen, sind es ein Dutzend verschiedene Elternteile. Eltern sind auch Menschen und haben ihr eigenes Leben. Und das geht mich nichts an. Als meine Eltern heirateten, war lebenslänglich noch erstrebenswert – in der Ehe und auch am Arbeitsplatz. Von der Lehre bis zur Rente in einem Betrieb. Ein Wechsel hatte fast etwas Anrüchiges. Beständigkeit, Verlässlichkeit, Treue, diese Tugenden galten auch in der Ehe. Doch was ist, wenn sich die Eheleute auseinanderentwickeln? Einmal im Überschwang oder wegen einer Schwangerschaft Ja gesagt und dann aneinandergekettet bis zum Schluss? Meine Eltern haben sicher nicht miteinander gelitten, ihre Ehe ist eine Liebesgeschichte, und weil die Beziehungen der Eltern für die Kinder Vorbild sind, haben sie mir damit vielleicht das größte Geschenk gemacht. Sie sind auch zusammengeblieben, als Scheidungen in den 1970er-Jahren modern wurden. Eine Scheidung wäre für meine Mutter nicht in Frage gekommen, da eine Frau ohne Mann ein Mängelexemplar war. Mein Vater hätte grobes Fehlverhalten an den Tag legen müssen. Ein Ausspruch meiner Mutter hat mich zeitlebens beeindruckt: Ein Mann schlägt mich nur einmal. Als Kind dachte ich, dass sie ihn danach verlässt. Als Krimiautorin hatte ich später andere Ideen …

Jahrzehntelang vermittelte mir meine Mutter, dass mit einer Frau, die allein lebte, etwas nicht stimmte. Erst als Paar würde die Frau zum ganzen Menschen. Das formulierte sie zwar nie so, doch sie dünstete es aus, ein Kind ihrer Zeit.

Wenn sie mich früher am Wochenende anrief und fragte: »Ist Leander da?«

Und ich »Nein« sagte.

Wie ihre Stimme dann sofort etwas höher wurde. »Er kommt dann aber später bestimmt?«

»Nein.«

Jetzt wurde sie leicht hysterisch. Der Freund kommt am Samstag nicht zur Tochter? Ist etwas vorgefallen? Haben sie gestritten? Ernsthaft? Um Himmels willen! Trennung?

»Aber morgen?«, hoffte sie.

Ich dachte, ich könnte sie erziehen, wenn ich das nur oft genug mit ihr durchexerzierte. »Nein, morgen auch nicht.«

Die Panik niederkämpfen, tief durchatmen, ganzen Mut

zusammennehmen, alles auf eine Karte, jetzt oder nie: »Aber übermorgen, übermorgen ganz bestimmt, oder?«

Ich konnte es selbst nicht mehr aushalten und erlöste sie. »Ja.«

»Ja dann, dann ist ja alles in Ordnung?«

»Ja.«

Langes tiefes Ausatmen. Alles gut. Ihr Haussegen, der in meiner Welt immer schief hing, weil bei mir schräg gerade recht ist, war wieder geradegerückt. Die Tochter war nicht allein, Hauptsache, nicht allein; alles gut.

Mutter sucht Schraube

Immer öfter rief meine Mutter mich nun an, um mir von ihren Erfolgen zu berichten, die für mich Selbstverständlichkeiten waren. Vielleicht lag es auch daran, dass ich meine Vorstellungen, wie es ihr gut gehen würde, immer besser loslassen konnte. Wie sollte sie flügge werden, wenn ihr meine Vorurteile Fesseln anlegten? Wenn ständig an einem herumgemäkelt wird – wie soll sich ein Mensch da entfalten, ein gesundes Selbstbewusstsein entwickeln, sich etwas zutrauen – flügge werden?

Mit kleinen Schritten eroberte sie sich ihr eigenes Territorium, durchaus auch mal Luftraum. Sie handelte bei einer Versicherung einen günstigeren Tarif aus – Feilschen war bislang die Domäne meines Vaters gewesen, sie schämte sich ein bisschen dafür und war stolz auf ihn und nun auf sich. Sie kaufte im Internet eine neue Kaffeemaschine. Sie fand heraus, wo sie einen vernachlässigten Hund melden konnte, der tagelang auch bei Regen in einem Garten eingesperrt war, ohne dass sich ein Mensch um ihn gekümmert hätte. »Dafür ist die Polizei nicht zuständig«, erklärte sie mir, »da muss man sich an die Amtstierärztin wenden.«

»Das wusste ich gar nicht.«

Sie berichtete mir, was sie noch alles herausgefunden hatte, und als ich es abends meinem Mann erzählte, fiel mir auf, dass es sehr selten vorkam, dass meine Mutter mir etwas Interessantes erzählte, was nicht unsere Familiengeschichte betraf.

»Ist doch kein Wunder, dass sie nichts zu erzählen hat«, sagte mein Mann. »Sie erlebt ja Tag für Tag das Gleiche.«

»Sie könnte es auch anders haben.«

»Jetzt hör doch mal auf, ständig an deiner Mutter herumzuziehen. Sie macht doch alles prima.«

Betroffen schwieg ich. Er hatte ja recht.

»Und du auch«, sagte er versöhnlich, zögerte. »Also bei Vätern und Söhnen ist das einfacher, glaub ich.«

Ich dachte nach. »Ja, vielleicht.«

»Wahrscheinlich liegt es auch daran, dass Männer nicht so viel reden wie Frauen.«

Empört stemmte ich die Hände in die Seiten. »Was heißt hier nicht so viel reden! Da wird dann eben gesoffen oder unter den Teppich gekehrt.«

»Was mich betrifft, stimmt weder das eine noch das andere«, brachte Johannes mich auf den Boden der Tatsachen zurück.

»Und wir haben ja auch keinen Teppich«, scherzte ich.

»Wenn ich darüber nachdenke, stehen Männer schon auch unter Druck«, meinte Johannes. »Wir wollen es unseren Müttern recht machen ...«

»Die sich aber bei euch viel seltener einmischen als bei den Töchtern ...«, warf ich ein.

»Gleichzeitig wissen wir genau, was unsere Väter von uns erwarten, und das ist nicht unbedingt das, was die Söhne wollen. Aber es wird halt nicht ausgesprochen. Was nicht bedeutet, dass es weniger stresst.«

Das Telefon klingelte. Die Nummer meiner Mutter erschien auf dem Display, ungewöhnlich um diese Uhrzeit, niemals nach zwanzig Uhr. War etwas Schlimmes passiert, etwas mit Papa?

»Gibst du mir mal bitte den Johannes«, fragte sie, ohne mich darüber zu informieren, was sie wollte, ohne schönes Wetter im Vorfeld, sie fiel mit der Tür ins Haus, genauso wie ich es mir immer abgewöhnen will.

Ich reichte das Telefon Johannes. Er hörte zu, nickte und sagte dann Sätze, die auf Schrauben, nicht aber auf Muttern passten. »Ja, der Perlator ist verkalkt.«

Was wurde hier gespielt? Ich lauschte und entnahm dem Gespräch, dass meine Mutter die Wasserhähne entkalkte und eine Frage zu einer Dichtung hatte.

»Sie hat *was?*«, fragte ich, als Johannes das Telefonat beendet hatte.

»Ich könnte dir das auch mal zeigen«, meinte er. »Ich finde schon, dass man das wissen muss.«

»Aber das ist doch dein Job!«, entfuhr es mir. Und dann schämte ich mich in Grund und Boden.

Einige Tage darauf berichtete ich Johannes, dass meine Mutter einen neuen Klodeckel gekauft und ihn montiert hatte.

»Alle Achtung!«, staunte er.

»Ist das schwierig?«

»Ja, schon. Den muss man justieren. Ich glaube nicht, dass du das schaffen würdest. Wahrscheinlich würdest du die Halterungen abbrechen, und zum Schluss müsste ich eine neue Toilettenschüssel einbauen, was sag ich denn, das ganze Bad renovieren«, neckte er mich nicht ganz zu Unrecht. Ich musste der Wahrheit ins Gesicht sehen: Meine Mutter hängte mich ab. Bei nächster Gelegenheit fragte ich sie, ob der alte Deckel kaputt gewesen sei.

»Nein«, antwortete sie. »Aber der war mir schon lang ein Dorn im Auge. Und da gab es ein Sonderangebot, und dann habe ich mir gedacht, dass ich doch nicht blöd bin, dass ich das wohl hinkriege. Schließlich habe ich Papa ein halbes Jahrhundert über die Schulter geschaut. Ich habe mir alles ganz genau angeguckt und dann eben herumprobiert, und es hat auch eine Weile gedauert. Aber jetzt …« Sie strahlte mich an. »Bombensicher.«

»Und Papa?«, fragte ich. Einen Toilettensitz hätte er früher zwischen Zehen- und Fingernägelschneiden montiert.

Meine Mutter schüttelte den Kopf. »Das kann er nicht mehr. Das hätte ihn überfordert, und ich will ihm dabei nicht mehr zusehen. Es macht mich so traurig, wenn ich daran denke, wie er früher war, was er alles konnte. Nein, ich mach das jetzt lieber selbst.«

In diesem Moment fühlte ich mich ihr sehr nah. Wer einmal in die liebevolle Fürsorge eines anderen Menschen gebettet war, erlebt ihren Verlust sehr schmerzlich. Als ich eine Weile nach Leanders Tod Johannes kennenlernte und er mir manches abnahm, was ich widerwillig erledigt hatte, weil es zu Leanders Aufgaben zählte, konnte ich mein Glück manchmal kaum fassen, das genau in diesen Kleinigkeiten erblühte. Und das ist bis heute so geblieben. Die Erfahrungen nach dem Tod von Leander haben mir gezeigt, dass ich es allein kann. Aber es ist kein Können aus freien Stücken, es wäre ein mühseliges Müssen. Schon öfter habe ich von Frauen gehört, die nach dem Tod ihres Mannes – der häufigste Grund für die späte Selbstständigkeit einer Frau – regelrecht aufgelebt sind. Da wurde das Müssen zu einem Können.

»Und wie fühlt sich das an?«, fragte ich meine Mutter in Bezug auf ihre neuen handwerklichen Fähigkeiten.

»Man sitzt gut drauf. Er hat noch kein einziges Mal gewackelt.«

»Ich meine, dass du jetzt so selbstständig bist.«

»Gut.« Sie lächelte. »Manchmal bin ich sogar ein wenig stolz auf mich.«

»Ist dir schlecht?«, fragte mein Mann, als er mich abends vor der Toilettenschüssel kniend erwischte.

»Ich hab nur mal geschaut.«

»Und?«

»Ich glaube nicht, dass ich das hinbekommen hätte.«

»Doch, bestimmt«, sagte er.

»Du lügst.«

»Bei aller Liebe: ja.«

Die Frau von

Unselbstständigkeit ist keine Frage des Alters. Meine Freundin Petra hatte ihren Professor geheiratet und zwanzig schöne Jahre mit ihm verlebt, die allerdings anders aussahen als geplant. Eigentlich träumte sie von einer Karriere als Wissenschaftlerin, doch als bekannt wurde, dass sie eine Beziehung mit ihrem Chef hatte, wurde ihr die Kündigung nahegelegt, auch als Verlobte. Nach der Hochzeit blieb sie zu Hause beziehungsweise arbeitete weiter wie gewohnt mit ihm zusammen. Er war in seinem Fachgebiet eine international bekannte Größe, sie war die Gattin, oft wurde sie auch nur so genannt: die Frau von – der Name des Mannes als Adelstitel.

Horst veröffentlichte Bücher; sie tippte sie nicht nur, sie feilte auch am Inhalt, verfasste ganze Kapitel allein. Nur sein Name stand auf den Titeln. Und nun war sie fünfzig und er fünfundsiebzig, und als ich die beiden besuchte, erschrak ich zutiefst. Petra benahm sich wie meine Mutter! Obwohl sie ein Vierteljahrhundert jünger war und promoviert hatte! Alles, was Horst sagte, wurde gemacht, auch wenn sie etwas anderes wollte. Sie hatte sogar eingewilligt, ihr geliebtes Häuschen zu verkaufen und in eine Eigentumswohnung zu ziehen. »Horst wollte den Rasen nicht mehr mähen.«

»Ihr hättet einen Gärtner beauftragen können.«

»Horst wollte keine fremden Leute im Garten.«

Horst wollte auch nicht mehr in den Urlaub fahren, obwohl Petra sich das so sehr wünschte wie auch den Film über seine Forschungen. Die BBC hatte angefragt. »Aber Horst meint, da müsste er so viel Vorarbeit leisten.«

»Das würdest doch du erledigen«, sagte ich trocken. »Wie immer.«

»Ja, schon. Aber er müsste trotzdem einige Male nach London fliegen, und er ist eben am liebsten zu Hause.«

»Dann sollen sie ihn halt bei euch in der Wohnung interviewen.«

»Horst will keine fremden Leute im Haus.«

»Na, dann hab ich ja Glück gehabt.«

Was ich von Petra nicht behaupten konnte. Sie vibrierte förmlich vor Tatendrang, und ihre Enttäuschung über Horsts Rückzug war bereits in ihren Mundwinkeln abzulesen. Resigniert hingen sie nach unten. Warum bemerkte Horst nicht, wie elend sie sich fühlte? Er könnte es sehen, er war nicht dement wie mein Vater, der, davon bin ich überzeugt, erschrocken wäre bis ins Mark, wenn ihm bewusst wäre, was er seiner Frau abverlangt. Aber wieso ließ Petra sich das gefallen? Aus Liebe? Oder aus Gewohnheit? Ich nahm mir vor, ein ernstes Gespräch mit ihr zu führen, doch leider war das nicht möglich, weil sie Horst stets miteinbezog. Und als ich sie fragte, ob wir zu zweit essen gehen würden, erklärte sie mir bedrückt, Horst würde für uns kochen, das sei sein neues Hobby, da müssten sie nicht mehr ausgehen.

Nein, die zweite Geige der Frauen hatte nichts mit dem Alter zu tun oder mit dem Beruf. Es lag an der Komposition, und die Partitur wurde meist von Männern geschrieben. Noch!

Die Heimwerkerin

Meine Mutter schien Freude am Heimwerken zu finden. Sie reparierte in den folgenden Wochen einen Wecker, einen Stuhl, ein Regal, und sie ließ sich von Johannes in Sachen Klebstoffe beraten. Außerdem konstruierte sie einen Sonnenschirm-am-Einklappen-Hinderer und ölte das Scharnier des Gartentürchens.

»Ich hab Olivenöl genommen, ich dachte, das geht bestimmt auch, Öl ist Öl.«

Dann war mein Staubsauger kaputt, und meine Mutter hatte ihren alten natürlich nicht weggeworfen. »Den kannst du gern haben, der saugt ja noch, er war mir nur zu schwer. Ach ja, er hat ein paar Macken, aber die habe ich überbrückt, und ich kann sie dir erklären.«

Überbrückt? Hatte sie sich jetzt auch noch an die Elektrik gewagt, die Domäne meines Vaters? Oft genug hatte sie ihm assistiert, keine Frage, im Gegensatz zu mir konnte sie gewiss Lampen anschließen, Sicherungen tauschen, und hatte sie nicht neulich Rauchmelder in der Wohnung angebracht?

»Ich könnte ihn vielleicht für den Keller brauchen«, überlegte ich.

Bei der Staubsaugereinweisung erklärte sie mir: »Das Problem ist der Beutelwechsel. Da ist eine Halterung abgebrochen. Ich musste eine Brücke bauen. Siehst du, hier.«

Ich sah nichts und beschloss, dass Johannes die Beutel wechseln würde.

»An dieser Stelle musst du jedenfalls vorsichtig sein«, sagte meine Mutter. »Also nicht von vorne ziehen, sondern von hinten.«

»Okay«, sagte ich, von Tuten und Saugen keine Ahnung. Johannes würde es begreifen.

Am Abend betrachtete mein Mann die Konstruktion und nickte dann anerkennend. »Nicht schlecht. Ganz der Vater, also der Ehemann, könnte man sagen. Eine geradezu geniale Ingenieursleistung.«

»Echt?«

»Ja, schon. Ich weiß nicht, ob ich darauf gekommen wäre«, anerkannte er. »Es ist eine einfache Lösung, aber wie gesagt, darauf musst du erst mal kommen.« Nachdenklich musterte er mich.

»Ich bin ja noch jünger«, sagte ich schnell.

»Dann bin ich ja mal gespannt, womit du mich mit siebzig plus überraschen wirst.«

Ich auch, dachte ich insgeheim.

Durch Schaden wird man klug

Einige Zeit danach kam es zu einem dramatischen Rückfall. Um halb neun Uhr morgens rief meine Mutter an.

»Was soll ich machen?«, schrie sie ins Telefon. »Ich bin auf dem Weg zum Aldi, und das rote Licht leuchtet.« Sie klang völlig außer sich.

»Welches rote Licht?«

»Im Auto! Und es piept! Piep, piep, piep! Ich bin sofort stehen geblieben! Ich fahre keinen Meter mehr! Das darf man nicht, sonst gibt es einen Motorschaden. Wenn Papa das wüsste! Bestimmt bin ich schuld!«

»Was bedeutet das Symbol denn?«

»Es ist rot. Und laut.«

»Und wie sieht es aus?«

»Bestimmt ist es was Schlimmes. Oh, da kommt ein Müllauto, ich muss auflegen.« Und weg war sie.

Wo war sie? War es gefährlich? Sollte ich den ADAC anrufen? Lieber erst mal abwarten. Von meinem Gelber-Engel-Nachbarn wusste ich, dass Frauen sich bei Pannen häufig die Schuld geben, während Männer das Auto dafür verantwortlich machen, auch wenn sie falsch getankt haben. Oder sie erklären dem Gelben Engel: Das ist das Auto meiner Frau. Fünf Minuten später meldete sie sich erneut und klang gefasster. Das Symbol zeige den Reifendruck an. Sie fahre mit zu wenig Luft. Nein, einen Platten habe sie nicht, sie habe schon nachgesehen.

»Dann fährst du jetzt zur Tankstelle und füllst Luft rein.«

»Das hat immer Papa gemacht. Das Auto war sein Bereich.«

»Ist er dabei?«

»Nein, ich bin allein unterwegs«, sagte sie ein wenig gekränkt und fügte hinzu: »Du weißt doch, dass ich meine Einkäufe nun immer ohne ihn erledige.«

»Wo ist die nächste Tankstelle?«

»Um die Kurve. Im Bordbuch steht vorne zwei fünf und hinten zwei drei.«

»Das hast du gut gemacht. Ich hätte gar nicht gewusst, wo meins ist. Wenn du mit dem Luftbefüllen nicht klarkommst, fragst du jemanden an der Tankstelle.«

»Okay, mach ich, ich melde mich wieder.«

Mein »Warte mal« hörte sie gar nicht mehr. Das schlechte Gewissen hatte es mir diktiert. Müsste ich nicht sofort alles stehen und liegen lassen und meiner Mutter Luft spenden?

Zwanzig Minuten später rief sie wieder an und klang stolz. »Ich hab es allein geschafft! War ganz einfach! Und danach bin ich noch schnell durch die Waschanlage.«

Einige Tage darauf besuchte ich meine Eltern. Mein Vater öffnete die Tür, was ungewöhnlich war. »Mama telefoniert«, sagte er und fragte mich: »Wie geht's?«

»Danke, gut, und dir?«

»Bestens.«

»Und was machst du gerade?«

»Was man halt so macht.«

»Ganz schön warm heute.«

»Ja, da muss man schwitzen.«

»Ich war eben schon mit dem Hund Gassi.«

»Dem hängt bestimmt die Zunge raus.«

»Ja. Mit wem telefoniert Mama denn?«

»Ja, sie telefoniert.«

Mein Vater schaute in die Zeitung, die vor ihm auf dem Tisch lag. Von meiner Mutter wusste ich, dass er sie von morgens bis abends las. Immerhin, er konnte noch lesen, wenn er auch alles gleich wieder vergaß. Für ihn war das Alte immer wieder neu. Sein Alltag war voller Premieren, ganz anders als meiner. Schon oft hatte ich beklagt, dass die Zeit immer schneller zu vergehen schien, weil Routine rast. Für meinen Vater war das vielleicht anders, aber ich konnte mir leider nicht vorstellen, wie er die Zeit wahrnahm. Eigentlich saß er in einer Zeitmaschine und kutschierte durch die bald neunzig Jahre seines Lebens.

Aus der Küche klang die Stimme meiner Mutter. »Ja, da musst du mal zur Tankstelle fahren und nachsehen. Es könnte zu wenig Luft im Reifen sein … Nein, da muss man sich schon kümmern, die geht doch nicht automatisch da rein, wie stellst du dir das vor? … Es ist ganz einfach. Du schraubst das Käppchen ab, dann steckst du die Stange mit dem Loch drauf. Da gibt es ein Plus und ein Minus an dem Luftprüfer, und so regulierst du.« Lange Pause. »In deinem Bordbuch. Bei mir steht es zusätzlich auf der Tankklappe. Ist mir auch erst neulich aufgefallen. Aber man kann es bestimmt auch im Internet finden, oder du rufst bei deiner Werkstatt an. Wobei die ja gleich wieder Geld verlangen. Also, es wäre besser, du könntest das. Ist wirklich nichts dabei. Und wenn du nicht klarkommst, fragst du einfach jemanden. Wir sind ja jetzt alte Damen. Uns wird immer geholfen.« Sie kicherte.

»Ist das Auto kaputt?«, fragte mich mein Vater.

»Nein, fährt prima«, sagte ich.

»Dann ist ja alles gut.«

»Ja, alles ist gut, Papa. Mit wem telefoniert Mama denn?«

»Bei uns laufen die Drähte heiß.«

»Und mit wem telefoniert sie?«

Er seufzte. »Mit Rita oder mit Uli oder Linda, Tante Greta oder mit Werner oder mit Frau Singer. Ich weiß nicht, mit wem noch. Sie telefoniert ja ständig.«

»Mama telefoniert ständig?«

»Ja. Den ganzen Tag geht das so.«

In welcher Welt lebte er? In welcher Welt lebte ich?

Der Morgenappell

»Früher hat mich meine Mutter zu verschiedenen Tageszeiten angerufen«, erzählte Nora mir. »Das hat mich oft aus einer Arbeit herausgerissen. Und wenn sie sich noch nicht gemeldet hatte, habe ich immer damit gerechnet, dass sie jetzt dann anruft, und war angespannt. Seit mein Vater gestorben ist, hat sie jeden Tag einmal angerufen.«

»Meine ruft nicht jeden Tag an«, sagte ich. »Jeden zweiten vielleicht.«

»Sie hat angerufen und gefragt, wie es mir geht. Ich habe gesagt gut und dir. Sie hat gesagt gut. Und mehr gab es eigentlich nicht.«

»Aber du hast nicht aufgelegt?«

»Nein, natürlich nicht. Ich habe gefragt: Und, was machst du so? Und dann hat sie gesagt, dass sie gewaschen hat oder heute Karottengemüse kocht oder das Silber mal wieder poliert. Oder dass sie sich freut, weil heute Abend irgendwas im Fernsehen kommt. Ich habe Ja und Aha und Soso gesagt und nicht zugehört. Weil mich das null interessiert hat. Dann bin ich auf die Idee gekommen, dass ich sie anrufen könnte. Dann hätte ich es los, verstehst du?«

»Ja.«

»Also habe ich sie jeden Morgen um neun Uhr angerufen. Damit ging es mir besser, weil ich danach frei war. Guten Morgen Mama, hast du gut geschlafen, was planst du heute, na, dann wünsche ich dir einen schönen Tag.«

»Ja.«

»Aber damit habe ich natürlich auch ein schlechtes Gewissen gehabt.«

»Ja.«

»Warum sagst du dauernd Ja?«

»Weil ich es verstehe.«

»Mich hat es jedenfalls wütend und traurig gemacht. Ich glaube, dass in unseren Müttern viel mehr steckt. Aber sie sind klein und blöd gehalten worden. Immer nur der Mann und Familie und sich um andere kümmern. Meine Mutter hat nichts Eigenes gehabt. Nur ihren lieben Gott.«

»War sie in der Kirchengemeinde aktiv?«

»Nein, aber sie ist täglich zum Rosenkranz gegangen und natürlich am Sonntag in die Messe. Und ich glaube, dass sie das früher sogar aus Protest gegen meinen Vater gemacht hat. Das konnte er nicht verbieten, weil der eine Gehaltsklasse über ihm schwebte.«

»Da hat sich deine Mutter mit seinem Vorgesetzten kurzgeschlossen.«

»Sozusagen.«

Nora schwieg eine Weile und fuhr dann mit belegter Stimme fort: »Seit sie tot ist …«

»Ja?«

»Oft ertappe ich mich dabei, dass ich Punkt neun auf die Uhr schaue. Und weißt du was?«

»Nein?«

»Ich würde sie unglaublich gern anrufen und eines dieser entsetzlich langweiligen, öden, schrecklichen, fürchterlichen Telefonate mit ihr führen, in denen es um nichts ging, die sich immer wiederholten, die mich so mies draufbrachten, weil sie mir leidtat und weil sie mich wütend machte und ich gar nichts damit zu tun haben wollte. Aber es war schön, ihre Stimme zu hören und dass sie noch da war.«

»Ja«, sagte ich.

Was der Bauer nicht kennt,
das frisst er nicht

War es Altersweitsichtigkeit? Oder Strohdummheit? Ich hatte geglaubt, Haarfarbe gekauft zu haben, in Wirklichkeit war es Aufheller. Ich ließ ihn eine halbe Stunde auf dem Kopf, und danach war ich sehr, sehr blond. Im Spiegel erkannte ich mich selbst kaum. Kein Friseur wagte das zu übertünchen, da die Gefahr bestand, dass ich dann blaue oder grüne Haare hätte. Mit meinem grellen Strohblond stand ich im Garten vor meinem Haus, da kam meine Mutter, um den Hund abzuholen. Sah mich, ihr Gesicht verzog sich, ich entdeckte mehrere Fragezeichen, dann Ablehnung in ihren Zügen. Sie erkannte mich nicht. Wie immer, wenn etwas Unerwartetes geschah – eine fremde Frau im Garten der Tochter –, reagierte meine Mutter mit leichter Panik anstatt mit Offenheit und Neugier. Das konnte ich nicht ausstehen, weil es mir trotz bester Vorsätze ebenso erging. Auch wenn dieses Verhalten in meinen Genen verankert ist, weil Misstrauen mit der Folge von Aggression und Verjagen von unbekannten Artgenossen einst ein Selektionsvorteil war. Bei meinen sehr frühen Verwandten wurden alle, die nicht zur Gruppe gehörten, als feindliche Außenwelt betrachtet. Doch die Zeiten haben sich gewandelt.

Ein Fremder in Uniform ist für meine Mutter immer ein Guter. Eine Uniform erscheint meiner Mutter, erzogen mit Respekt vor Autoritätspersonen, vielleicht wie ein Zeugnis der Unbedenklichkeit. Dieser Mann, seltener diese Frau, kennt sich aus, ist befugt, den frag ich nicht nur nach der Uhrzeit, sondern gleich, wo es langgeht. Jede auch nur viertelwegs offizielle Stelle flößt meiner Mutter Respekt ein, und sei es eine Versicherung, bei der sie anruft, oder der Medizinische Dienst, der über den Pflegegrad meines Vaters entscheidet. Kaum taucht ein Uniformierter auf, gibt sie die Verantwortung ab, wahrscheinlich war mein Vater auch immer uniformiert, es hat nur niemand gesehen, bloß meine Mutter. Ihr Kaiser war nicht nackt, sondern livriert. Wenn ein Uniformierter in der Nähe ist, braucht man nichts zu entscheiden, der Offizielle weiß Bescheid. Ich hingegen bin in der Nähe eines Uniformierten doppelt wachsam – wo Macht wächst, wuchert auch Missbrauch.

Mama muckt auf

»Sag mal, heißt deine Mutter zufällig Diana?«, fragte mich eine Bekannte, mit der ich manchmal Gassi gehe.

»Ja, wieso?«

»Die steht heute in der Zeitung.«

Ich starrte sie an. »Meine Mutter?«

»Ja. Beim Frühstück habe ich es gelesen. Sie hat wohl irgendeinen Missstand am Bahnhof gemeldet, jedenfalls ist ein Interview mit ihr abgedruckt.«

Bei Tengelmann sah ich es schwarz auf weiß. Meine Mutter! In der Zeitung! In meinem Metier! Ich lachte laut auf. Neugierige Blicke wandten sich mir zu. Am liebsten hätte ich den Artikel allen Kunden vorgelesen. Meine Mutter wurde als verantwortungsvolle Bürgerin beschrieben, die sich standhaft weigerte, schwarzzufahren. Der Bahnhof an ihrem Ort wurde umgebaut, der Zugang war für gehbehinderte Menschen und Senioren schon schwierig, Rollstuhlfahrer hatten keine Chance. Zudem waren alle Fahrscheinautomaten abgebaut worden. Als meine Mutter nach München fahren wollte, riet ihr der S-Bahn-Fahrer, sie solle schwarzfahren oder ein Ticket beim Busfahrer kaufen. Der erklärte ihr, dass er seit Jahren keine Tickets mehr verkaufe. Er würde sie gern schwarz mitnehmen, aber jetzt, wo er ihre vorsätzliche unlautere Absicht kenne, müsse sie leider draußen bleiben. »Da habe ich mir gedacht«, sagte die couragierte Frau im Zeitungsinterview, »dass ein Notfall eintreten könnte. Jemand könnte dringend irgendwohin müssen. Mein Mann könnte im Krankenhaus liegen, und dann müsste ich eine Straftat in der S-Bahn begehen, weil mich der Bus nicht mehr mitnimmt? Einen Taxistand gibt es ja bei uns nicht. Das könnte man übrigens auch mal ändern.« Sie hatte zuerst bei der Gemeinde, dann beim Landratsamt angerufen, wo man ihr geraten hatte, sich an die Zeitung zu wenden; so sieht heutzutage der kurze Dienstweg aus.

Ich musste mich setzen. Wie kam sie auf diese Idee, ohne vorher mit mir Rücksprache zu halten!

»Stehen Sie hier an oder was?«, fragte mich eine blonde Frau im Alter meiner Mutter.

»Verzeihung«, sagte ich, bezahlte die Zeitung und rief meine Mutter an.

»Mama! Du bist in der Zeitung.«

»Ich weiß«, erwiderte sie, als wäre das völlig normal, und dann erzählte sie mir noch mal, was ich schon gelesen hatte, und fügte hinzu, dass ein Mann von der Zeitung sie am Telefon interviewt habe, und endete: »Das ist doch unverschämt.«

Nein, es war großartig. »Ja«, sagte ich.

Zwei Wochen später erfuhr ich, dass sie sich bei der Lebensmittelkontrolle beschwert hatte, weil die Metzgerin eine Scheibe Leberkäs, die ihr auf den Boden gefallen war, aufgehoben und wieder eingepackt hatte. Außerdem trug sie, obwohl das doch jetzt Vorschrift war, keine Handschuhe, wenn sie Ware anfasste, Scheine und Schinken gingen durch ihre Finger. Und auch das stand in der Zeitung, ein kleiner Gammelfleischskandal

erschütterte die Gemeinde, und meine Mutter hatte ihn aufgedeckt, wenngleich sie diesmal inkognito blieb. Der Landrat
lobte jedoch die Achtsamkeit eines Bürgers, der Schlimmeres
verhindert, ja, »im Keim erstickt« hatte. Und meine Mutter
kommentierte: »Genau genommen bin ich eine Bürgerin.«

Mütterdämmerung

Bei meinem Geburtstag im Sommer bietet sich eine Gartenparty an. Wenn ich auf Partys eingeladen werde, fühle ich mich anfangs nicht immer wohl, vor allem, wenn ich kaum jemanden kenne. Allein rumsitzen ist blöd, und sich an jemanden klammern, der einem bekannt ist, noch blöder. Bei meiner Gartenparty, sie fängt nachmittags an, wird gespielt. Tischtennis, Federball, Boule – und das bricht das Eis. Wir beginnen am Nachmittag, abends wird gegrillt. Hin und wieder habe ich meine Eltern eingeladen. Mama bringt Kuchen mit, und nach dem Kaffee gehen sie wieder, damit die Jungen, deren Haare zum Teil auch schon grau sind, ungestört feiern können.

In diesem Jahr hatte meine Mutter lange überlegt, ob sie meinen Vater überhaupt mitnehmen sollte. »So viele Leute bringen ihn durcheinander. Da kennt er sich nicht mehr aus.«

»Er gehört dazu. Bitte bring ihn mit«, bat ich sie.

Wie immer waren sie die Ersten. Mein Vater saß neben meiner Mutter am Tisch, sie legte ihm Erdbeerkuchen auf den Teller und einen Schlag Sahne obenauf. Mein Vater begrüßte alle Gäste, doch sein Blick erkannte niemanden. An der Stirnseite des Tisches sitzend, wirkte er völlig verloren. Ich hatte nicht den Eindruck, dass er wusste, wo er sich befand. Wenn er etwas gefragt wurde, antwortete er schlagfertig wie immer. Zwei, drei Minuten konnte man sich mit ihm unterhalten, ohne »es« zu merken.

»Wie alt sind Sie, wenn ich fragen darf?«

»Zu alt.«

»Wo wohnen Sie denn?«

»In der Nähe.«

»Verraten Sie mir, wie alt Ihre Tochter heute wird?«

»Eine Dame fragt man nicht nach ihrem Alter.«

»Das ist ja ein herrlicher Tag heute!«

»Könnte nicht besser sein.«

»Möchten Sie noch ein Stück Erdbeerkuchen oder lieber Apfel?«

»Ich nehme, was übrig bleibt.«

Sein Vorrat an Allgemeinplätzen erschien unerschöpflich, und ich staunte immer wieder, wie weit man damit kommen konnte, ja, welcher Reichtum ihnen innewohnt; in meinen Texten versuche ich sie zu schrumpfen. Plötzlich stand mein Vater, ich weiß nicht, ob ihn jemand aufgefordert hatte, mit einem Badmintonschläger in der Hand auf dem Rasen. Früher hat er gern gespielt, und er hatte es nicht verlernt – mit Mitte achtzig noch erwischte er viele Bälle. Ich sprang ihm bei, wir spielten als Team, und ich hob die Federbälle auf, damit er sich nicht bücken musste. Neue Gäste trafen ein, auf einmal waren zwanzig Minuten verstrichen, und da sah ich, dass mein Vater noch immer spielte. Er zeigte keine Erschöpfung, doch an seinem leeren Gesichtsausdruck erkannte ich, dass er nicht wusste, was er da machte. Der Ball kam, er schlug drauf, der nächste kam, er schlug drauf und so weiter. Ohne Navigation segelte der alte Kapitän durch hohe Wellen, mit steinerner Miene und starrem Blick. Sein Anblick zerriss mir das Herz. Er würde immer weiterspielen, bis er umfiele, weil er den Ausknopf nicht mehr fand. Wo war meine Mutter? Ich entdeckte sie in der Küche im Gespräch mit Nelly. Ich holte ein Glas Wasser und brachte es meinem Vater. »Willst du mal Pause machen?«

»Nein.«

Da merkte ich, dass Pause machen für ihn nicht konkret genug war, dass er nicht wusste, wie und wo genau.

»Wir sollten mal andere spielen lassen. Komm mit zum

Tisch. Da können wir uns hinsetzen.« Auf diese klare Ansage reagierte er sofort und folgte mir. Nun merkte ich, dass er doch etwas erschöpft war.

Am nächsten Tag berichtete mir meine Mutter, dass er einen Ganzkörpermuskelkater hatte. Und dass sie Nelly total gern mochte.

Auch Nelly meldete sich. »Ich habe gleich gemerkt, dass sich zwischen dir und deiner Mutter etwas verändert hat.«

»Ach ja?«, fragte ich neugierig.

»Sie war ja einige Male bei deinen Geburtstagspartys. Aber sie ist jetzt anders. Offener, zugewandter, interessierter, lockerer. Also, sie hat überhaupt nicht gestört.«

»Was meinst du damit?«

»Na ja.«

»Raus mit der Sprache.«

»Also, früher war sie immer ein bisschen förmlich. So steif irgendwie. Ich glaube, sie hat sich nicht wohlgefühlt. Diesmal hat sie richtig dazugehört.«

»Ja, jetzt gehört sie dazu«, sagte ich nachdenklich.

»So war es bei mir nie«, erzählte Nelly. »Wenn ich einen echten Scheißgeburtstag wollte, brauchte ich an dem Tag nur meine Mutter zu sehen.«

»Wie lange ist sie denn jetzt tot?«

»Vier Jahre. Und sie hat mir keinen einzigen Tag gefehlt.«

Gebranntes Kind scheut das Feuer

Meine Freundin Margit spricht von einem Fortschritt, wenn sie sagt, dass ihr ihre Mutter heute egal ist. Früher hat sie sie gehasst, denn sie hat ihr das Leben zur Hölle gemacht. »Von klein auf galt ihr ganzes Trachten einzig und allein dem Vorhaben, meinen Willen zu brechen. Ich sollte kein eigenständiger Mensch werden, ich sollte alles erfüllen, was sie sich ausgedacht hatte. Ich hätte höchstens ein narzisstischer Auswuchs an ihr sein dürfen, und als ich dann in die Pubertät kam und sie neben mir verblühte, genoss ich das förmlich.«

»Man darf es ja nicht laut sagen«, sagte Bea einmal leise zu mir. »Aber mir geht es deutlich besser, wenn ich nichts von meiner Mutter höre und sehe.«

Anna fühlt sich in der Gegenwart ihrer Mutter extrem unwohl. »Das war schon immer so. Meine Mutter hat nie Mitgefühl mit mir gehabt. Wenn ich aus irgendeinem Grund traurig war oder geweint habe, sagte sie: Es gibt Schlimmeres. Oder: Anderen geht es noch viel schlechter als dir. Oder: Das sind doch nur Lappalien.« Natürlich weiß ich heute, dass sie selbst in ihrem Leben viel Schreckliches durchgemacht hat, dass sie ihre eigenen Tränen hinunterschlucken musste. Aber ich war doch ein Kind! Wie soll ich zu dieser uneinfühlsamen Person eine Beziehung aufbauen? Zwischen uns ist eine Mauer gewachsen. Meine Mutter ist mir völlig fremd. Aber klar kümmere ich mich um sie. Doch nach jedem Besuch geht es mir beschissen, weil der Kontakt mit ihr mich daran erinnert, wonach ich mich ein Leben lang gesehnt habe. Ihre Liebe. Und jetzt will sie meine, und glaub mir, in ihren Ansprüchen ist sie nicht zimperlich.«

Auch Anita fühlt sich ihrer Mutter fremd. »Ich konnte mich nie mit ihr identifizieren, weil mich ihr devotes Verhalten meinem Vater gegenüber abgeschreckt hat. Das war kein Rollenbild, dem ich nacheifern wollte, sondern eine verbeulte Jammergestalt. Ich glaube, ich habe sie schon als Kind verachtet, weil sie sich von meinem Vater alles gefallen ließ. Vom Kopf her weiß ich, dass sie nichts dafür konnte, so wie die herrschenden Verhältnisse damals waren. Aber mein Herz erreicht das nicht. Ich nehme es ihr leider noch immer übel, dass sie sich nie gewehrt hat. Und wenn sie dann auch noch stutenbissig wird und über andere Frauen herzieht, was sie gern tut, dann bin ich nur noch angewidert. Anstatt sich zu solidarisieren, bekämpft man eingebildete Rivalinnen im Kampf um das beste Männchen. Aber wer weiß. Vielleicht habe ich deshalb Biologie studiert, um das von Grund auf zu kapieren.«

Kornelia hat feministische Linguistik studiert und erträgt die Sprache ihrer Mutter nicht. »Eigentlich ist sie dumm. Sie hat sich nie bemüht, ihren Horizont zu erweitern. Wie sie mit ihren Geschlechtsgenossinnen umgeht, das stößt mich geradezu ab, und ich kann kein Verständnis dafür aufbringen. Meine Mutter beurteilt Frauen nur nach ihrem Aussehen. Über Dicke und Hässliche macht sie sich lustig. Eine Frau, die etwas Großes geleistet hat, aber nicht den Schönheitsidealen meiner Mutter entspricht, wird darauf zurückgestuft. Dann heißt es, wenn sie nicht so unattraktiv wäre, hätte sie weniger gearbeitet und einen Mann abgekriegt. Ich glaube, so würde kein Mann reden, jedenfalls halte ich diesen zerstörerischen Männerblick nicht aus. Sie kapiert einfach nicht, dass ihre Herabsetzung anderer auf sie selbst zurückfällt. Ich gehe ihr aus dem Weg, wo ich kann.«

Claudia erzählt mir, dass sie nach der Geburt ihres Bruders für ihre Mutter Luft war. »Es drehte sich alles nur noch um ihn. Er war der Sohn, der Erlöser, der König. Alles, was er machte, war großartig, und wenn er auf den Tisch geschissen hätte, sie hätte einen Altar darum gebaut, sich davorgekniet und ihn angebetet. Ich weiß nicht, was aus mir geworden wäre ohne Therapie.«

Auch Marion hat einen Bruder und trägt es ihrer Mutter bis heute nach, dass er nie im Haushalt helfen musste. Er war der junge Herr und sie die Magd.

»Und dein Vater?«

»In die Erziehung hat er sich nicht eingemischt. Das war Frauensache.«

Welche Art von Männern geben die Mütter an die Frauen der nächsten Generation weiter? Unter denen dann ihre Schwiegertöchter leiden; so entsteht wenigstens eine Schicksalsgemeinschaft? Oder grenzen sich die Mütter so von ihren Schwiegertöchtern ab, weil sie es eben nicht verlangen, dass Männer sich zum Beispiel am Haushalt beteiligen? Und so bleibt Mutti die Beste und erledigt die Wäsche für den Sohn auch noch mit achtzig.

Muttermangel

Ich hörte viele solcher Geschichten. Wo waren die glücklichen Mutter-Tochter-Frauen? Nun, vielleicht sehen sie einfach keine Notwendigkeit, von ihrer guten Beziehung zu erzählen, es passt doch alles. Und manchmal sehe ich solche Paare auch. Man merkt es gleich, da verstehen sich zwei. Sie begegnen mir eingehakt beim Stadtbummel, ins Gespräch vertieft im Café und beim Wellness. Ein schöner Anblick, der mir das Herz wärmt.

Aber bei den geburtenstarken Jahrgängen scheint es viele extrem schwierige Mutter-Tochter-Beziehungen zu geben. Beeindruckend finde ich, dass einige Frauen, obwohl sie die Hintergründe kannten und Mechanismen durchschauten, nicht in der Lage waren, ihren Müttern zu vergeben. Trotzdem kümmern sie sich, wenn die Mütter Hilfe brauchen, doch sie tun es genauso »herzlos«, wie sie sich als Kinder behandelt fühlten. Verletzungen im Kindesalter vergisst man nicht.

Durch die Hirnforschung wissen wir, dass traumatische Erlebnisse an die Nachkommen weitervererbt werden können. Ich glaube, es würde viele Konflikte befrieden, wenn es uns gelänge, häufiger generationenübergreifend zu denken. Dazu gehört es, dass eine Mutter eben auch ein Mensch ist, dass sie einmal ein Baby war, Glück oder Pech mit ihren Eltern hatte und den Umständen ihres Großwerdens, Hoffnungen hegte, ein junges Mädchen wurde, sich verliebte, heiratete, Kinder bekam … Und nun eine alte Frau ist. Da steckt viel mehr drin als nur Mutter, und wenn ich das miteinbeziehe, kann ich meiner Mutter fairer begegnen. Und zum Beispiel feststellen: Schade, dass sie nie eine Freundin hatte so wie ich.

Eine Freundin kann den Mangel, den eine Mutter hinterlässt, ausgleichen. Sie füllt die Lücke des positiven weiblichen Vorbildes. Vielleicht sind den Frauen der geburtenstarken Jahrgänge deshalb die Freundinnen so wichtig. Und wir haben ja auch ständig über unsere Mütter gesprochen. Doch wir haben eindimensional ihre Mängel beklagt, statt uns die wahren Geschichten unserer Mütter zu erzählen. Vielleicht hatten unsere Mütter auch aus diesem Grund so selten Freundinnen, nicht nur, weil der Dienst am Mann es verhinderte. Womöglich empfanden sie ihre Schicksale im Krieg und danach als zu schmerzhaft, um darüber zu sprechen. Lieber Teppich drüber und mit dem Wirtschaftswunder über das Eierkuchenland fliegen.

Wir sind die Töchter und wollen aus eigener Kraft abheben. Am besten fliegt es sich mit Wurzeln, damit man auch wieder heimfindet. Wie sollen wir frei und froh leben und lieben, wie zu unserer eigenen Weiblichkeit stehen, wenn wir die Frau, die uns geboren hat, ablehnen? Die Mutter kennenzulernen heißt, sich selbst kennenzulernen. Ihr nah zu sein, ob von Angesicht zu Angesicht oder im Herzen, heißt sich selbst näherzukommen. Und da Mütter ihre eigene unglückliche Muttergeschichte an die Töchter vererben wie Familienschmuck, muss eine damit beginnen, den Kreis zu durchbrechen. Es ist nicht möglich, rückwirkend genetisch zu vererben, die Epigenetik aus der Zukunft zu schreiben. Doch womöglich kann eine Tochter, der es gelingt, den rostigen Familienschmuck zurückzuweisen oder ihn glänzend zu polieren, auch die Mutterwunde ihrer Mutter heilen.

Erwachsene Kinder

»Ich verstehe diese jungen Leute nicht«, seufzte Ingrid. »Es ist doch nicht normal, dass man mit zwanzig noch zu Hause wohnt und mit vierundzwanzig seine Eltern fragt, wohin man im Urlaub fährt.«

»Ist doch schön«, entgegnete ich, »wenn deine älteste Tochter Wert auf deinen Rat legt.«

»Sie fragt nicht um Rat!«, rief Ingrid. »Sie will mit. Und ihre kleine Schwester möchte auch mit. Weißt du, dass ich seit zehn Jahren darauf warte, mal wieder mit Robert allein zu wohnen und in den Urlaub zu fahren? Wir kriegen unsere Kinder nicht los.«

Und damit ist Ingrid kein Einzelfall.

Während meine Freundinnen und ich unserem achtzehnten Geburtstag – der Volljährigkeit und heiß ersehnten Unabhängigkeit von den Erziehungsberechtigten – entgegenfieberten und viele von uns am liebsten schon mit siebzehn zu Hause ausgezogen wären, bleiben Kinder heute gern im Hotel Mama, und nicht bloß, weil es dort all-inclusive bequem ist.

Die Beziehung zwischen Eltern und Kindern hat sich vielerorts grundlegend verändert. In meiner Generation waren Eltern vor allem Autoritätspersonen – wie die Lehrer. Meine erste Lehrerin, Fräulein Hagerl, verteilte in der Grundschule schallende Ohrfeigen. Das war normal, wenn auch schmerzhafter als das Eckestehen. Was heute als Mobbing geahndet würde, und Fräulein Hagerls Ohrfeigen hätten sich in einer Schlagzeile niedergeschlagen: *Brutale Lehrerin prügelt Erstklässler.* Mein Vater wurde noch richtig verprügelt, und zwar im Religionsunterricht, Hose runter, übers Pult beugen und austreiben. Den Teufel oder die Neugier oder die Lebensfreude, egal, der Wille der Kinder musste gebrochen werden. Das war einmal so normal, wie wir heute Kindern Helme zum Fahrradfahren aufsetzen.

Die Unmenschlichkeit der Kriege hat auch die Erziehung der Kinder geprägt. Im Nazideutschland sollte das Schwache »weggehämmert« werden. Der sogenannte Führer wollte eine »gewalttätige, herrische, unerschrockene, grausame Jugend. Sie muss Schmerzen ertragen. Es darf nichts Schwaches und Zärtliches an ihr sein. Das freie, herrliche Raubtier muss aus ihren Augen blitzen.«

Und so wie Raubtiere behandelten dann auch manche Eltern ihre Kinder, und die wollten nur eines: weg von zu Hause, dem Ort des Schreckens.

Wenn nun aber die dritten Zähne der Raubtiere im Wasserglas schwimmen. Wenn die alten Eltern, die ja auch Opfer waren, auf die Kinder angewiesen sind, denen sie so viel Leid angetan haben. Wenn die Kinder sich liebevoll um die Eltern kümmern sollen, die sie verprügelt, gedemütigt, erniedrigt haben. Und die ihnen auch eine Menge ungelöster Konflikte ins Leben gepflanzt haben, wie die systemische Therapie aufgedeckt hat. Was dann?

Elisabeth sagte: »Sie hat mich mit Kochlöffeln und Gürtelschnallen blutig geschlagen, weil ich ein Glas Milch umgestoßen habe. Kein Wunder, dass ich Bettnässerin war, was sie mit neuerlichen Prügeln quittierte. Und ich soll ihr einen schönen Lebensabend bereiten, nachdem sie mir meine Kindheit versaut hat?«

Ich habe oft gehört, dass das Prügeln an die Väter delegiert wurde. »Ich hatte Angst vor der Heimkehr meines Vaters«, erzählte mir Simone. »Er stellte seine Aktentasche im Flur ab, wusch sich die Hände im Bad, und dann berichtete meine Mutter hinter verschlossener Wohnzimmertür meine Sünden. Ich wurde hereingerufen und bestraft. Mal Taschengeldentzug, mal Fernsehverbot, mal Musikverbot, mal Prügel. Wenn er besonders fest zuschlug, warf sich meine Mutter dazwischen und rief: »Nicht das Kind schlagen! Tu dem Kind nichts.« Ich habe mir angewöhnt, kurz bevor mein Vater nach Hause kam, mehrere Unterhosen übereinander anzuziehen, damit es nicht so wehtat. Aber am meisten weh hat es innen drin getan. In der Seele. Und heute soll ich ihnen die Windeln wechseln?«

Kann man so etwas »vergessen«? Kann man es mit der damaligen Zeit »entschuldigen«? Ich selbst erinnere mich, dass es in meiner Jugend ein alltäglicher Anblick war, wenn ein Kind in der Öffentlichkeit geohrfeigt wurde. Kaum einer empörte sich darüber, es war normal, was heute unvorstellbar anmutet. Kann man Gewalt als Ausdruck von liebender Sorge umdeuten? Und was geschieht, wenn die Rollen getauscht werden, wenn die Kinder die Macht über die alternden Eltern haben? Aus der bösen Mutter wurde eine alte wehrlose Frau. Schafft die Tochter es, sie so wahrzunehmen und … zu verzeihen? Weil sie eben nicht nur die physische und psychische Gewalt erinnert, sondern sich besinnt, wie es dazu kam, dass ihre Mutter weitergab, was sie ihrerseits als Kind erlebte.

»Ich stelle mir immer vor, meine Mutter wäre gar nicht meine Mutter«, erzählte mir einmal eine Bekannte. »Dann klappt es ganz gut. Ich habe mich immer mit meiner Mutter gestritten, und sie hat mich nur genervt. Sie war ein rotes Tuch für mich, wie man so schön sagt. Meine Nachbarin ist genauso alt wie meine Mutter. Ich mag sie recht gern und helfe ihr manchmal was. Hin und wieder gehe ich auch für sie einkaufen. Samstags bringe ich ihr frische Brötchen, und wenn sie dann in der Tür steht, so ein kleines zartes Wesen, und die Augen aufreißt und sich bedankt, wird mir immer warm ums Herz. Eines Tages ist mir aufgefallen, dass sie wie meine Mutter ist, ja, ein bisschen sieht sie ihr sogar ähnlich. Aber bei ihr konnte ich vieles tolerieren, wo mir der Hut hochgeht, wenn meine Mutter es sagt oder tut. Es ist mir leichter gefallen, nett zu der fremden Nachbarin zu sein als zu meiner leiblichen Mutter. Das hat mich schon erschüttert. Seither sage ich Frau Rumpel zu meiner Mutter, also ihren Geburtsnamen. Ich habe das als Scherz eingefädelt. Meine Mutter weiß natürlich nicht, warum ich das mache. Aber es erinnert mich daran, dass meine Mutter eben nicht nur meine Mutter ist, sondern auch ein alter Mensch, der ein bisschen Unterstützung benötigt. Seitdem ist es besser. Im Rückblick glaube ich, dass ich einfach eine gewisse Distanz gebraucht habe.«

Ursula hat in vielen Therapien mit dem Schatten der Mutter gerungen, der ihr Leben verdunkelte. »Am liebsten würde ich mich nicht um sie kümmern. Aber das schaffe ich nicht, weil ich dann so ein schlechtes Gewissen habe. Obwohl ich es nicht richtig finde, einem Menschen zu helfen, den ich eigentlich ablehne, ja, manchmal sogar nicht ausstehen kann, tue ich es. Weil sie meine Mutter ist. Freiwillig würde ich es nicht tun. Und wenn ich manchmal Mütter und Töchter sehe, die einen harmonischen Eindruck machen, tut mir das weh. Auch heute noch, mit siebenundfünfzig. So etwas habe ich nie erlebt. Nähe mit meiner Mutter war für mich immer eine Pflicht.«

»Und trotzdem stehst du ihr nun bei.«

»Sie ist meine Mutter.«

»Vielleicht verändert sie sich noch?«

»Nie im Leben.«

»Das habe ich früher auch geglaubt, aber es stimmt nicht. Ich glaube, dass zu einer verfahrenen Situation zwei gehören. Ich als Tochter habe auch die Möglichkeit, mein Verhalten zu ändern – und das zieht eine Verhaltensänderung der Mutter nach sich.«

»Du kennst meine Mutter nicht.«

»Kennst du sie? Kennst du ihre Vergangenheit? Manchmal liegt darin der Schlüssel verborgen.«

Mamamia!

Sich mit den Erziehungsmethoden in jener Zeit zu beschäftigen, in der unsere Mütter Kinder waren, kann ein neues Licht auf die eigene Kindheit werfen. Seit einigen Jahren beschäftigen sich immer mehr Menschen mit der Geschichte ihrer Eltern, und das ist oft ein erster Schritt zur Aussöhnung. Das schlechte Verhältnis vieler sogenannter 68er zu ihren Eltern beeinflusste auch das der geburtenstarken Jahrgänge. Die Kinder der Kriegsgeneration wollten ihren Eltern – vielleicht auch unbewusst – beweisen, dass es ein Leben ohne Krieg gibt: *Make peace, not war.* Damit wehrten sie sich gegen die übertragene Last der Schuld und Scham und die Fesseln der Vorgeschichte. Sie wollten ein freies Leben – und übernahmen Verantwortung in der Gestaltung der Gesellschaft. Heute höre ich manchmal von Eltern: »Ich wünschte mir, meine Kinder würden sich für mehr interessieren als ihre Computerspiele, sich politisch engagieren, gegen irgendetwas aufbegehren.«

Es mangelt vielleicht an der Motivation, wenn der Leidensdruck im eigenen Elternhaus fehlt. Ich kann mir gut vorstellen, dass den heute Zwanzigjährigen der Umgang mit ihren alten Eltern einmal leichter fallen wird als meiner Generation.

Die Beziehung zu den Eltern ist in einer lebenslangen Dynamik. Von der Kindheit über die Pubertät bis zum Erwachsenenalter können wir unsere Eltern aus verschiedenen Blickwinkeln immer wieder neu kennenlernen. Sie verändern sich, wir verändern uns. Das wird mancher Tochter bewusst, wenn sie ihre Mutter mit den Enkeln spielen sieht. Ja, da kann sogar Eifersucht auf die eigenen Kinder hochschießen – weil die Enkel liebevoller behandelt werden als man selbst. Eltern haben Fehler gemacht, wir haben Fehler gemacht. In meiner Jugend gehörte es zum guten Ton, die eigenen Eltern auf den Mond zu wünschen, und wer sich gut mit seinen Eltern verstand, löste geradezu Befremden aus. Aber wer war schuld an der herzlosen Erziehung? Wer trug die Verantwortung? Die Frauenbewegung fand die Täterinnen: die Mütter! Es dauerte lange, ehe die Mütter Opfer genannt wurden, wodurch die Töchter ihnen verzeihen konnten. Das Thema Mutter ist nicht abzuschließen. Es kommt immer wieder in neuen Facetten, und mit dreißig, als ich glaubte, meine Kindheit tadellos aufgeräumt zu haben, ahnte ich nicht, aus welchen verborgenen Winkeln die Mutter dann doch wieder erscheinen würde. Ich bin gespannt, wie die Geschichte weitergeht, die mit dem Mutterkuchen beginnt und in Mutter Erde endet.

Sturm der Liebe

»Die macht mich noch wahnsinnig«, begrüßte meine Mutter mich, das Telefon in der Hand. Ich hatte es eilig wie so oft, nur schnell den Hund abgeben und dann zum Yoga. Ohne meine Mutter könnte ich nicht so viel Sport treiben; Hundegassi plus Bücherschreiben plus Alltagsmanagement füllt meine Tage gänzlich aus.

»Wer?«, fragte ich, während ich neugierig auf das Telefon in ihrer Hand blickte. Mittlerweile glaubte ich meinem Vater.

»Tante Greta. Sie ruft doch immer nach *Sturm der Liebe* an. Weil sie nicht durchblickt. Und dann muss ich ihr alles erklären. Und dabei regt sie sich fürchterlich auf.«

»Tante Greta von Onkel Peter?«, fragte ich nach der Frau des Bruders meines Vaters, der vor drei Jahren gestorben war. Ich wusste zwar, dass meine Mutter gelegentlich mit ihr telefonierte, doch *Sturm der Liebe* wurde mehrmals wöchentlich gesendet, ein weiteres Indiz für die Aussage meines Vaters, der ja behauptet hatte, bei Mama liefen die Drähte heiß.

»Ja. Greta ist wie ich von Anfang an dabei. Aber sie schaut eben nie in den Serienguide.«

»Wohin?«

Meine Mutter seufzte, als wäre ich schwer von Begriff. »Na, in den Serienguide. Da steht alles, was du wissen musst rund um die Serie. Wer wann wo mit wem und so weiter.«

»Aha.«

»Es ist quasi ein Exposé, ein Treatment, aber nicht vorab, sondern im Nachhinein.«

»Verstehe«, grinste ich.

»Obwohl Greta einen Computer im Haus hat, nämlich den von Peter, befasst sie sich nicht damit. Gut, der Computer ist alt, aber er läuft noch, das weiß ich von Britta, ihrer Tochter.«

»Ach, du telefonierst auch mit Britta?«

»Ja, ich muss die Arme doch ein bisschen unterstützen. Die ist völlig überlastet wegen Greta, fix und fertig mit den Nerven. Greta ist einfach zu unselbstständig. Das ist nicht leicht für Britta. Und wenn sie Greta was Schlimmes sagen muss, schaltet sie mich dazwischen.«

Das Grinsen fiel mir vom Gesicht. Ich erinnerte mich nicht, wann ich meine Cousine zuletzt gesehen hatte, ich wusste nicht mal, wo sie wohnte, und meine Mutter dolmetschte für sie.

»Die Britta hat sich doch in einen Griechen verliebt«, begann meine Mutter in einem Tonfall, als wäre das in allen Nachrichten gesendet worden. »Irgendwann will sie auswandern, aber das darf sie Greta nicht sagen, weil die sonst durchdreht. Ich muss Greta schonend vorbereiten, verstehst du? Damit Britta es ihr dann beibiegen kann. Britta ist ja auch schon sechsundfünfzig, und bei ihrem Asthma wird sie sicher früh verrentet. Soll sie doch einen schönen Lebensabend auf Kreta verbringen, das ist ihr zu gönnen. Aber wir müssen Greta noch stabilisieren, ehe sie es ihr sagt. Es kann doch nicht sein, dass Mütter das Leben ihrer Töchter bestimmen. Wenn sie überhaupt noch so lange lebt, könnte sie dann immer Urlaub auf Kreta machen, auch im Winter, das wär doch mal eine schöne Abwechslung, verstehst du?«

Ich verstand überhaupt nichts mehr. Meine Mutter nahm mir die Hundeleine aus der Hand. »Beeil dich, sonst kommst du zu spät.«

Angewurzelt blieb ich stehen.

»Greta hat eben keinen blassen Schimmer von Dramaturgie«, ergänzte meine Mutter. »Außerdem glaubt sie immer, alles sei echt. Aber man muss halt manchmal auf den Putz hauen wegen der Spannung. Wegen einem Cliffhanger krieg ich doch keinen Herzinfarkt.«

Nun, meine Mutter vielleicht nicht, aber ich stand kurz davor.

»Cliffhanger«, wiederholte ich. Mein Mund war trocken. »Woher weißt du, was ein Cliffhanger ist?«

»Das hast du mir mal erklärt.«

»Und du hast es dir gemerkt?«

»Ich merke mir alles«, lachte sie. »Aber das wirkliche Problem ist, dass Greta nicht rausgeht. Sie hockt den ganzen Tag zu Hause. Dabei hat sie ein fast neues Auto in der Garage, das hat Peter extra noch gekauft vor seinem Tod. Für sie. Aber nein, sie fährt nicht. Sie kapiert einfach nicht, wie wichtig Autofahren für die Unabhängigkeit ist. Gerade in ihrem, also in unserem Alter. Wir sind genauso alt wie Mick Jagger. Sag dem mal, dass er nicht mehr Auto fahren kann.«

»Der hat wahrscheinlich einen Chauffeur«, warf ich ein.

»Ja, kann sein. Würde ich ja nicht wollen«, stellte meine Mutter fest. »Aber jetzt musst du wirklich los! Wir können ja später weiterreden.«

Zwei Stunden später öffnete mein Vater mir die Tür, weil Mama telefonierte. Diesmal mit Rita, die ich für eine ehemalige Arbeitskollegin gehalten hatte, aber vielleicht war sie eine Freundin. Vielleicht hatte meine Mutter mittlerweile Freundinnen. Vielleicht sah Freundschaft im Alter auch anders aus, als ich mir das vorstellte. Man traf sich nicht persönlich, es genügte, zu telefonieren. Viele ältere Menschen sind körperlich nicht imstande, das Haus zu verlassen, was man zum Telefonieren ja nicht muss.

»Telefoniert Mama oft?«, fragte ich meinen Vater.

»Nein, eigentlich nie«, antwortete er.

Da war sie schon. »Was hast du gesagt? War's schön im Yoga?«

»Ja, hat sehr gutgetan. Mama, schaust du eigentlich viele Serien an?«, fragte ich, was mich in der letzten Stunde statt Yoga unter anderem beschäftigt hatte.

»Nein, nur noch *Sturm der Liebe*. Und du?«

»Für so was hab ich keine Zeit. Seit *Dallas* und *Denver* habe ich nie mehr eine Serie geguckt.« Die beiden waren seinerzeit ein Warm-up für die Disco, und ich hatte behauptet, das völlig distanziert, allein aus dramaturgischem Interesse zu verfolgen.

»Es gibt so tolle Serien«, schwärmte meine Mutter. »Die habe ich aber auf DVD. Am besten ist *Breaking Bad*, das ist unglaublich. Aber auch *House of Cards*. Und …«

»Nein, so was interessiert mich nicht«, unterbrach ich sie unhöflich, und sie nahm es mir nicht übel.

Breaking Bad

Am nächsten Tag las ich in der *Zeit* eine Hymne auf *Breaking Bad*. Also war das gar kein Schund? Am Telefon bat ich meine hocherfreute Mutter, mir die DVDs zu leihen. Ihr Lieferdienst traf dreißig Minuten später ein, und in der Tüte mit den DVDs befanden sich zwei Duschgel-Probepackungen aus der Apotheke, ein Glas Marmelade und eine Banane. Wie früher das Pausenbrot. Dazwischen noch das Fernsehprogramm der nächsten Woche, sie hatte eine Dokumentation über Schriftstellerinnen im 20. Jahrhundert mit gelbem Leuchtstift markiert, wie sie jeden Donnerstag das Fernsehprogramm der kommenden Woche durcharbeitete.

Es war Dezember. Die Tage waren kurz und grau und die Nächte lang und schwarz. Fernsehen verblödet. Aber die *Zeit* hatte es erlaubt.

»Wie, über fünfzig Stunden?«, fragte Johannes entgeistert, als er den Stapel DVDs entdeckte. »Ich will doch nicht fünfzig Stunden am Stück fernsehen!«

»Nicht am Stück. In kleinen Portionen. Wir könnten doch mal reinschauen, ganz unverbindlich«, lockte ich ihn. »Es soll wahnsinnig gut sein.«

»Für so was hab ich keine Zeit«, sagte er.

»Aber in der *Zeit* steht, dass es total gut gemacht ist.«

Der Hund stand vor dem Sofa und schaute uns an. Er mag es, wenn wir fernsehen, dann darf er nämlich aufs Sofa.

»Okay«, sagte mein Mann.

Drei Stunden und vier Folgen später waren wir angefixt. Den ganzen Dezember durch gönnten wir uns abends einen Schuss. Meine Mutter hielt die Gier am Kochen, indem sie mir bei jeder Gelegenheit versicherte, dass alles noch viel schlimmer, noch viel spannender werden würde. »Ihr seid ja noch ganz am Anfang.«

Auf einmal hatte ich neuen Gesprächsstoff mit meiner Mutter. Inspiriert von *Breaking Bad* unterhielten wir uns über Amerika, Drogen, Politik, Kriminalität, Psychologie – das ganze Leben.

Johannes und ich schafften *Breaking Bad* gerade noch vor dem Urlaub. Drei Wochen drogenfrei – Sonne, Strand, Lesen. Danach stand mir der Sinn so gar nicht nach Arbeiten. Normalerweise freue ich mich jeden Tag auf die weißen Flächen, die ich mit Buchstaben fülle. »Ich hätte kein Problem, auf dem Sofa mit einer tollen Serie vom öden Februar in den Frühling zu gleiten«, gestand ich Johannes an einem Samstagabend. Doch ich bekam Besuch von einem Psychiatrieprofessor, mit dem ich einmal ein Buch geschrieben habe. Mittlerweile war er in Pension, doch noch immer sehr beschäftigt mit Vorträgen, Büchern, Begutachtungen. Bis Ende des Jahres sei sein Terminkalender rappelvoll. Ich fragte ihn, warum er nicht mal Pause machen würde. Er könnte es doch jetzt langsamer angehen lassen, seinen Ruhestand genießen. »Ja, ja«, sagte er im Ton von Nein, nein.

Später erinnerte mich Johannes daran, dass der Professor genauso alt war wie meine Mutter, deren Ruhestand mich beunruhigte.

Die anonymen Angehörigen

Den nächsten Coup meiner Mutter kündigte sie selbst an. Und doch war ich überrascht, denn diese Unternehmung hatte sie lange hartnäckig abgelehnt. Nun, als ich nicht mehr damit rechnete, als ich aufgegeben hatte, nahm sie von sich aus Kontakt mit einer Gruppe für Angehörige von Demenzkranken auf. Ohne meine Hilfe fand sie den Weg – mit der S-Bahn und dem Bus –, und den Fahrschein kaufte sie am Tag vor der Reise, damit nichts schiefging, sie musste ihn dann nur noch entwerten.

Als sie mich abends anrief, klang ihre Stimme, als würde sie mir eine Sensation berichten. »Ich war da!«

Im Hintergrund hörte ich meinen Vater etwas sagen.

Jetzt flüsterte sie. »Ich war da.«

»Und, wie war's?«

»Ich hab es ja so gut! Ich bin ja so dankbar! Ich bin so froh, dass ich dort gewesen bin!«, haspelte sie so begeistert, dass es in meinen Ohren rauschte. »Ich habe nicht den geringsten Grund zu klagen. Diese armen Frauen! Ich habe Schicksale gehört, das glaubst du nicht. Es waren alles Frauen. Die Leiterin hat gesagt, Männer nehmen das Angebot nicht wahr, außerdem gibt es auch mehr ältere Frauen. Es war schrecklich. Und alle waren so nett. Sie haben mir so leidgetan. Eine, also das ist so furchtbar. Ihr Mann ist nachtaktiv. Die ganze Nacht muss sie aufpassen, dass er nicht abhaut oder schlimme Sachen macht, der hat schon zweimal die Wohnung geflutet, die geht am Zahnfleisch. Eine anderer, der macht in die Hosen und … nein, das kann ich gar nicht erzählen. Und das Schlimmste ist, sagen sie, dass die Männer so böse sind. Einer ist richtig aggressiv. Schreit nur rum und hat sie auch schon geschlagen. Und sie sind ruppig und grob, und die Frauen arbeiten sich auf und kein Dank, überhaupt kein Dank so wie bei Papa. Stell dir vor, einer, der war mal Bankdirektor, hat seit vier Monaten kein Wort mehr mit seiner Frau gesprochen. Das hat er früher schon getan. Wenn sie einen Fehler gemacht hat, hat er sie ignoriert. Ich werde mich nie wieder darüber aufregen, wenn Papa fünfzig Mal am Tag Danke zu mir sagt. Ein Segen ist das, sag ich dir, ein Segen. Und einer ist so unangenehm, dass schon gar kein Pflegedienst mehr kommen will, die Frau ist völlig verzweifelt. Zum Glück bin ich davon weit entfernt. Ich brauch keinen Pflegedienst, Papa kann alles allein machen. Aber die Leiterin hat schon gemeint, ich soll ihn noch mal anschauen lassen wegen dem Pflegegrad, dass man den vielleicht erhöht. Sie hat gesagt, das ist quasi eine Formsache, und das steht mir zu. Eine Frau war da, die fand ich richtig nett. Die hat einen Sohn, aber keinen Kontakt mehr, und weiß gar nicht warum.«

»Wie viele Frauen waren denn da?«

»Elf. Die nette Frau weiß nicht mal, wo der Sohn wohnt, der meldet sich einfach nicht, ist das nicht entsetzlich?«

»Ja.«

»Und dann war eine da, die musste nichts für den Raum geben, man soll fünf Euro in die Kasse legen, weil sie selbst in so großer Not ist. Stell dir vor, die hatten eine Eigentumswohnung, und sie hat immer geglaubt, alles ist gesichert, und dann hat sich herausgestellt, dass der Mieter schon jahrelang keine Miete mehr bezahlt hat, was ihrem Mann aber nicht aufgefallen ist, weil er alles hat schleifen lassen. Aber das konnte sie doch nicht wissen, wo das Finanzielle immer er geregelt hat. Ist das nicht schrecklich?«

»Ja, Mama, schrecklich.«

»Also, eigentlich möchte ich gar nicht mehr hingehen, weil es so furchtbar war. Andererseits habe ich auch etwas gelernt, also, wenn es bei uns so bleibt, wie es ist, dann bin ich zufrieden. Dein Vater ist freundlich und dankbar und nicht aggressiv, und er braucht keine Hilfe bei der Körperpflege, nein, bei uns ist alles wunderbar. Und am schönsten ist es, dass er nie so mit mir redet wie andere Männer mit ihren Frauen, die sie nur herumkommandieren, die ihnen nichts recht machen können. Das haben die zum Teil ihr ganzes Leben ertragen! Nicht erst seit er dement ist, da ist es nur noch schlimmer geworden. Wenn es nur so gut bleibt bei Papa! Ich bin ja so dankbar. Auch weil er körperlich so gesund ist in seinem hohen Alter.«

»Das kommt bestimmt auch von deiner guten Pflege. Gehst du wieder hin?«

»Man trifft sich jeden ersten Dienstag im Monat. Ja, ich gehe wieder hin. Die Leiterin ist so eine nette Frau. Sie sagt auch, dass es die Frauen büßen, wenn sie so viel ältere Männer heiraten. Immer müssen die Frauen alles ausbaden. Das ist doch unfair.«

»Ja, Mama.«

»Die Welt ist so ungerecht zu den Frauen, immer machen die Männer, was sie wollen, und die Frauen können dann schauen, wo sie bleiben und wie sie das ausbügeln und die Kinder durchkriegen. Das ist alles eine Riesensauerei, auch bei uns, obwohl wir eine Bundeskanzlerin haben, das liest man doch, das hört man doch, dass Frauen noch lange nicht gleichberechtigt sind.«

»Da kann ich dir ja bald ein Emma-Abo schenken«, neckte ich sie.

»Alice Schwarzer finde ich gut«, sagte meine Mutter. »Die hat recht. Nur zieht sie sich immer so unvorteilhaft an.«

Es gibt deutlich mehr ältere Frauen als Männer, und der Frauenanteil steigt mit zunehmendem Alter. Von den 22,2 Millionen Menschen ab 60 Jahren sind 56 Prozent Frauen und 44 Prozent Männer, berichtete das Statistische Bundesamt fürs Jahr 2016.

Während das Geschlechterverhältnis bis zur Altersgruppe der 70- bis 79-Jährigen relativ ausgeglichen ist, steigt der Frauenanteil dann deutlich auf 85 Prozent bei den über Hundertjährigen, worin noch immer Auswirkungen des Zweiten Weltkriegs sichtbar sind.

Mein Onkel hat seine Frau früher verloren. Er ist Witwer. Ich hatte den Cousin meines Vaters einige Jahre nicht gesehen. Er war zwölf Jahre jünger als mein Vater. Der Krieg, an den sich mein Vater, 1930 geboren, stets gut erinnerte, war ihm nur aus Erzählungen bekannt. Doch die beiden teilten das Schicksal, dass ihre Väter im Krieg gefallen waren. Über diese Katastrophe in seiner Kindheit sprach mein Vater nur in kargen Worten. »Mein Vater ist gefallen«, hieß es, und als Kind glaubte ich, er sei öfter hingefallen. In meiner friedlichen Welt konnte man nach dem Fallen wieder aufstehen.

Onkel Werner holte mich am Bahnhof ab. Drei Jahre war seine Frau jetzt tot, die seinen ersten Heiratsantrag vor fünfzig Jahren zurückgewiesen hatte, weil er ihr antrug: Bettie, Mutter meint, wir sollen heiraten. Beim zweiten Mal tat er seinen eigenen Willen kund.

Trotz ihres sehnlichen Kinderwunsches blieben sie zu zweit. Aus der Not machten sie eine Tugend und gründeten an ihrem Ort einen Sportclub, wo sie sich beide stark in der Jugendarbeit engagierten. Sie bauten ein Haus in der Nähe des Sportplatzes und wurden im Urlaub zu begeisterten Tauchern. Und dann erkrankte Bettie an Krebs und starb binnen Jahresfrist. Es war lange her, dass ich die beiden in diesem Haus besucht hatte. Auf der Fahrt hatte ich versucht, mich zu erinnern – und als Onkel Werner die Tür öffnete, glaubte ich zuerst an eine Halluzination. Alles sah genauso aus, wie ich es erinnerte.

»Da kannst du deine Jacke aufhängen.« Er wies auf die Garderobe im Flur. »Da hat Bettie auch die Besucherkleiderbügel.« Ich legte ab und folgte ihm in die Küche.

»Hast du Hunger?«, fragte er.

»Was gibt's denn?«

Er öffnete den Kühlschrank. Ich sah eine Packung eingeschweißte Würstchen, ein Glas Senf, ein Glas Marmelade, mehrere Flaschen Pils.

»Hast du schon gegessen?«, fragte er. »Soll ich dir ein Butterbrot machen?«

»Nein danke, ich hab eigentlich keinen Hunger.«

»Willst du ein Bier?«

»Hast du Tee?«

»Tee? Tee?« Er dachte nach. »Wo hat Bettie den Tee?«

»Ist nicht wichtig.«

»Doch, doch. Wenn quasi meine Nichte schon mal kommt. Bettie hat bestimmt irgendwo Tee. Ich glaub, ich weiß auch, wo. Im Vorratsraum. Aber da gehe ich eigentlich nicht ran. Das ist Betties Bereich.«

»Ich kann Wasser trinken.«

»Nein, nein, ich mach das jetzt mal. Weißt du, normalerweise geh ich nicht an Betties Sachen. Aber wenn ich so hohen Besuch habe.« Er stand auf.

»Onkel Werner, lass nur. Ich nehm gern ein Bier«, sagte ich, obwohl ich fror.

Er öffnete zwei Flaschen, hob seine, besann sich. »Glas?«

»Nicht nötig.«

Wir saßen an einem kleinen Küchentisch vor kleinen Bierflaschen. Er trank in großen Schlucken. Ich nippte mal. Es war kalt in der Küche und sehr eng. Es musste doch ein geräumiges Wohn- und Esszimmer geben, ich erinnerte mich daran. Auf der Resopalplatte des Küchentisches lagen mehrere Tablettenschachteln. Die Küchenschränke waren moosgrün, wahrscheinlich hatte Tante Bettie sie ausgesucht. Hier war die Zeit stehen geblieben, und wenn es nicht so traurig gewesen wäre, hätte es mir gefallen. Doch sogar die Fugen in den Kacheln mit den Prilblumen über der Spüle dünsteten Trauer aus, anstatt sie abzudichten.

Onkel Werner aß ein Butterbrot.

»Schön, dass du da bist«, sagte er alle paar Minuten und hob die Flasche, es war schon die zweite.

»Kochst du manchmal?«, fragte ich. Der Herd sah nicht danach aus.

»Ich? Kochen? Nein, das war Betties Job.«

»Isst du denn nie warm?«

»Doch, doch. Die Nachbarin bringt mir jeden Mittag was. Die war ja ganz dicke mit Bettie. Ich hab das früher gar nicht gewusst. Ich war ja immer auf Arbeit. Also, was da so läuft, wenn der Mann aus dem Haus ist, und was man da alles machen muss. Habe ich alles erst danach erfahren.«

»Was denn?«

»Bettie hat viel Arbeit gehabt mit dem Haus und dem Garten.«

»Und das machst du jetzt allein?«

»Nö. Ich mach nur meinen Bereich.«

»Und … was ist das?«

»Die Topfpflanzen zum Beispiel. Für die bin ich zuständig. Jetzt komm mal mit ins Wohnzimmer, nach dem Essen sind wir immer rübergegangen.«

Auch das Wohnzimmer sah aus, wie ich es in Erinnerung hatte. Fast. Onkel Werner bemerkte meinen Blick.

»Den habe ich mir zur Fußball-WM geleistet. Ist wie Kino. Und Sky habe ich auch.«

»Toll«, sagte ich. »Hast du auch Internet?«

»Damit hab ich nichts am Hut. Ist Betties Bereich.«

»Hat sie einen Computer gehabt?«

»Alles noch da. Aber du willst jetzt hier nicht rumdaddeln?«

»Ich wollte nur eine Zugverbindung für morgen früh heraussuchen.«

»Da ruf ich den Jürgen an. Das ist der Mann von der Marie, meiner Nachbarin. Der kennt sich aus.«

Onkel Werner griff zum Telefon, wählte Sternchen eins. »Jürgen, Michaela ist doch da. Kannst du mal in das Internet schauen wegen der Zugverbindung nach Husum? … Was sagst du da … Tatsächlich … Und wie … In der Schublade? Na gut. Ja. Ja, das mach ich. Danke.«

Er nahm einen Schluck, schaute ins Nichts, dann sagte er: »Jürgen meint, Betties Anschluss ist noch aktiv. Wir haben ja nichts geändert. Jürgen sagt, da liegt so eine Mappe in der Schublade im Flur. Er hat doch damals alles mit Bettie eingerichtet. Das Elektrische. Aber an die Schublade geh ich normalerweise nicht ran.«

»Schon gut«, wehrte ich ab.

»Nein, nein. Ich geh mal gucken. Ist ja eine Ausnahme heute. Bleib sitzen.«

»Ich kann auch die Telefonauskunft anrufen«, sagte ich und meinte die Bahnauskunft, falls es so was noch gab.

»Wieso denn, wenn wir Internet im Haus haben«, widersprach Onkel Werner und ging hinaus.

Ich hörte ihn Schubladen aufziehen. Es dauerte lange. Dann kam er wieder, und seine Augen waren gerötet. Ich vermutete, dass er diese Schubladen in den drei Jahren seit Betties Tod nicht angerührt hatte. Das, was mir nach Leanders Tod ein großer Trost war, sein Bereich, war für ihn tabu.

Werner reichte mir eine Kladde. »Da steht wahrscheinlich alles Wichtige drin.«

»Ich brauch bloß das Passwort.«

»Ja, schau selbst«, sagte er. »Ich hol mir noch ein Bier.«

Wieder blieb er lange weg. Behutsam öffnete ich die Kladde meiner Tante, die ich nur wenige Male gesehen hatte, meine Familie in München, ihre am Deich, zuletzt bei einer Lesereise. Ich hatte sie gern gemocht, und einmal hatte sie mir ein liebevoll dekoriertes Frühstück vorbereitet. Mit Morgenbrief, Blumen und Ei unter einer gehäkelten Wärmehaube, Kaffee in der Thermoskanne und selbst gemachter Marmelade.

Auf der ersten Seite fand ich diverse Passwörter, den WLAN-Zugang … und ganz unten auf der Seite, rot unterstrichen, stand mein Spitzname, unter dem ich auch Bücher veröffentlicht habe: *Shirley*. Wieso stand »Shirley« in Tante Betties Kladde? Und da begriff ich. Es war das Passwort für ihren Computer gewesen. Vielleicht hatte sie gerade ein Buch von mir gelesen oder es war kurz nach meinem Besuch damals gewesen – und dann hatte sie meinen Namen als Passwort gewählt? Man würde nicht leicht drauf kommen, und doch war er für sie einfach zu merken. Ihr Passwort war wie ein Gruß. Schade, dass ich sie so selten gesehen hatte. Eigentlich wusste ich fast nichts von ihr. Ich nahm einen Schluck aus der Flasche.

»Onkel Werner, schau mal, was ich gefunden habe!« Ich zeigte es ihm.

»Ach«, sagte er. »Sieh mal an. Aber damit kenne ich mich nicht aus. Das ist Betties Bereich. Hast du alles, was du brauchst?«

Ich tippte den WLAN-Schlüssel in mein Smartphone und suchte mir eine Zugverbindung.

»Noch ein Bier?«, fragte Werner.

»Ich trink erst mal das aus.«

Es war kühl im Wohnzimmer und noch kühler in dem Raum, in dem ich schlafen sollte. »Hast du zufällig eine Wärmflasche?«, fragte ich Werner.

»Ja, bestimmt hat Bettie das.« Abermals wirkte er überfordert.

»Ist nicht wichtig«, sagte ich.

»Irgendwo hat Bettie eine, das weiß ich genau, so eine rote, und die Schnur ist blau.« Er stand auf.

»Lass mal«, sagte ich. »Ich nehm die Decke vom Sofa mit nach oben.«

»Ich könnte auch Maria anrufen und fragen, ob sie dir eine Wärmflasche bringt.«

»Alles gut, danke.«

»Erzähl doch mal«, bat er. »Was machst du so?«

Ich erzählte, und später erzählte er mir, was er gemacht hatte. Am liebsten sprach er von seiner Kindheit und Jugend, all den Streichen in der Nachkriegszeit. Zum Teil kannte ich die Geschichten schon, sie waren so kurios, dass ich sie, einmal gehört, nie wieder vergessen hatte. Wie anders er war als mein schweigsamer Vater, der Älteste von vier Geschwistern, der sich um die drei Kleinen kümmerte, als die Mutter buchstäblich auf der Straße stand: ausgebombt. Später konnte die Familie in das einzige Zimmerchen ziehen, das Werner mit seiner Mutter und seiner Schwester bewohnte.

Als ich zu Bett ging, sagte er: »Ich hab noch was für dich, warte mal.«

In der Küche plingte etwas. Klang wie eine Mikrowelle. Mit einem geheimnisvollen Gesichtsausdruck kam Onkel Werner zurück. »Da. Für kalte Frauenfüße. Hat Bettie auch immer gemacht.« Er drückte mir ein warmes Kirschkernkissen in die Hand. »Das musste ich nicht lange suchen. Das gehört jetzt in meinen Bereich. Ich leg es mir manchmal in den Nacken. Tut gut.«

»Danke«, sagte ich zu dem Gast im eigenen Haus.

Augentropfen

Am Ende des Jahres blätterte ich meinen Kalender durch und fand darin so oft das Wort Mutter, dass es nicht mehr zu leugnen war. Sie war »wieder« zu einem wichtigen Menschen in meinem Leben geworden. Manchmal fragte ich mich, wie es mir selbst einmal ergehen würde in diesem Alter. Wie würde ich mein Verhalten ihr gegenüber beurteilen?

Anfang Januar hatte sie einen Termin beim Augenarzt und sollte mit Begleitperson erscheinen, da für eine Untersuchung die Pupillen erweitert wurden und sie eine Weile schlecht sehen würde.

»Jetzt chauffierst du mich doch zu einem Termin«, sagte sie. Ich wusste zuerst gar nicht, was sie meinte, dann fiel es mir ein, und ich schämte mich ein bisschen. Wie hatte ich nur so kaltherzig sein können, als ich ihr damals androhte, sie niemals zu fahren, wenn sie sich nicht selbst ans Steuer setzen würde?

»Mama …«, begann ich. Ich wollte mich entschuldigen.

Da legte sie mir die Hand aufs Knie. »Ich bin dir sehr dankbar, wie du dich um mich kümmerst«, sagte sie. »Ohne dich hätte ich nicht wieder angefangen Auto zu fahren. Und alles andere. Ohne dich wäre mein Leben heute nicht so schön. Du bist«, sie lächelte, »du bist wie eine Mama zu mir.«

»Und mir laufen jetzt auch gleich Augentropfen raus«, schniefte ich.

»Ich finde, deine Mutter ist der Hammer«, sagte Sanne am selben Abend. Wir feierten unsere fünfunddreißigjährige Freundschaft. »Wie die sich verändert hat. Also, wenn das kein Vorbild ist. Da sehen wir doch, was alles möglich ist, wenn wir selbst mal siebzig plus sind.«

Entgeistert starrte ich sie an. Meine Mutter als Vorbild? Sie, von der ich mich immer unterscheiden wollte?

Sanne lachte. »Schau mal in den Spiegel. Jetzt siehst du aus wie sie.«

»Ich sehe meiner Mutter doch nicht ähnlich!«, widersprach ich. »Ich bin meinem Vater aus dem Gesicht geschnitten!« Und dann lachten wir, und ich sagte Sanne, dass ich froh war, weil meine Mutter ein paar Spuren hinterlassen hatte. »Ich bin ja quasi die Tochter eines Mannequins!«

»Dann solltest du jetzt endlich damit aufhören, über deine Mutter wie über ein Kind zu sprechen«, sagte Sanne. »Lass sie doch mal machen, wie sie will.«

»Dann gebe ich sie auf.«

»Nein, dann lässt du sie los.«

»Das stimmt nicht.«

»Dann versuch die goldene Mitte zu finden.«

»Die goldene Mitte!«, wiederholte ich gedehnt. »Ich hasse den goldenen Mittelweg. Der hat meine ganze Kindheit begleitet. Das war der Standardspruch meiner Mutter: Ich sollte den goldenen Mittelweg beschreiten, nicht immer die Extreme.«

»Da siehst du mal, wie wenig Spielraum ein Mensch hat. Du bist ja heute noch extrem. Also, ich würde meinen, dass deine Mutter deutlich flexibler ist als du. Wie gesagt: Deine Mutter ist super.«

»Ja«, sagte ich ein wenig stolz und auch gerührt. Und als ich mich wieder gefasst hatte: »Kein Wunder. Sie ist ja auch meine Mutter.«

Aus Müttern werden Leute

In der Zeitung las ich, dass Marika Kilius anlässlich einer Modenschau bei der Messe 66+ auftreten würde. Ich hatte sie in letzter Zeit einige Male im Fernsehen gesehen, weil sie sich für das bedingungslose Grundeinkommen einsetzte und dafür viele Termine wahrnahm. Hätte sie auch Zeit für meine Mutter? Ich wollte sie gern mit einem Messebesuch überraschen. Und wenn wir schon auf dem Eis waren, konnten Mama und ich auch einen dreifachen Rittberger wagen.

Am Tag vor der großen Gala brach die Antriebswelle an meinem Auto. Was nun?

»Nimm meinen Wagen«, sagte Johannes.

»Mit dem VW-Bus am Hotel Bayerischer Hof vorfahren und einen Weltstar abholen?«, fragte ich skeptisch.

»So wie du sie geschildert hast, ist sie doch total unkompliziert und flexibel. Und auch ziemlich spontan, schließlich hat sie deiner Idee gleich zugestimmt.«

»Ich weiß nicht …«

»Dann müsst ihr halt mit dem Mercedes fahren.«

»Meine Mutter fährt niemals nach München rein, und der Bayerische Hof ist am Promenadeplatz, also mittendrin.«

»Dann fährst eben du.«

»Ich bin seit zwanzig Jahren keine Automatik mehr gefahren … aber eigentlich … so schwer wird das nicht sein.«

»Für dich doch nicht«, grinste er, »als Tochter deiner Mutter!«

Johannes brachte mich zum Treffpunkt, dem Aldi-Parkplatz. Meine Mutter stand schon neben ihrem Mercedes, ein Hauch von Rosa auf den Wangen und ein bisschen aufgeregt. Wohin würde der Ausflug führen, um den die Tochter so ein Geheimnis machte? Alles, was sie wusste, war, dass sie sich bequem, aber nicht zu lässig kleiden sollte.

»Mama, jetzt gibt es leider ein Problem«, sagte ich. »Mein Auto ist kaputt, wir müssen mit deinem fahren.«

Ihrem Blick entnahm ich, dass sie mir nicht glaubte. Dass sie das für einen Trick hielt. Aber ans Steuer wollte sie mich auch nicht lassen. »Mit Automatik kennst du dich nicht aus. Ich fahre selbst. Du sagst, wohin. Aber nicht nach München, oder?«

»Fahren wir mal los.«

Ich dirigierte sie aufs Eis, die Autobahn Richtung München. Ihr war mulmig zumute.

»Bis München?«

»Fahr einfach«, leitete ich die erste Schrittfolge ein. »Ich sag dir den Weg.«

»Aber nicht in die Innenstadt!«

»Du fährst ganz prima, Mama.«

Am Autobahnende, als ich sie Richtung Zentrum lotste, wurde sie nervös. »Aber so kommen wir in die Innenstadt!«

»Im Moment ist kaum Verkehr.«

Über die Landsberger Straße näherten wir uns dem Stachus, Marienplatz, die erste Sprungkombination, doppelt, doppelt. Souveräne Landung auf der Theresienhöhe, wo bald die Wiesn, das Münchner Oktoberfest, starten würde.

»Aber jetzt sind wir mittendrin!«

»Ja, und das klappt alles super. Wir sind auch gut in der Zeit.«

»Also haben wir einen festen Termin?«

»Sozusagen.«

»Ich bin wirklich sehr gespannt, wohin du mich ausführst.«

»Du dich selbst, Mama. Du fährst. Und rechts«, nahmen wir Anlauf zum dreifachen Rittberger.

Sie bog ab. »Da ist der Bayerische Hof«, sagte sie verdutzt.

»Stopp«, sagte ich.

»Willst du jetzt fahren?«

»Nein, wir sind da.«

»Hier? Was machen wir hier?«

»Wir holen jemanden ab.«

»Wen denn?«

»Marika Kilius.«

In den nächsten sechzig Sekunden glaubte ich, sie würde ohnmächtig, so schnell drehte sie Pirouetten, sprang hoch in die Luft, schleuderte atemberaubend in der Todesspirale, und tatsächlich, sie schwankte leicht, verlor die Balance, aber das konnte man nur sehen, wenn man direkt an der Bande stand oder es sich in Zeitlupe ansehen würde. Dann landete sie sicher auf den Kufen. Eine souveräne Läuferin, die nichts aus der Bahn warf, die jede Unwägbarkeit ausbalancierte, die niemals aufgab, sich immer wieder aufrappelte, motivierte, weiterlief.

»Mama, wir fahren jetzt zu dritt zur Messe 66+.«

»Das ist verrückt.«

»Es ist nicht weit von hier.«

»Das ist vollkommen verrückt.«

»Wenn du möchtest, setze ich mich ans Steuer.«

»Oder ich! Ich fahre jedes Auto!« Marika Kilius stand gut gelaunt neben meinem geöffneten Beifahrerfenster und lachte uns an.

Wir stiegen aus und begrüßten uns. »Na, da hat Ihnen Ihre Tochter ja eine ziemliche Überraschung serviert am Samstagmorgen«, sagte Frau Kilius und fragte mich: »Wie lange brauchen wir bis zur Messe? Ich habe vor dem Auftritt noch einige Pressetermine.«

»Siebzehn Minuten, sagt das Navi«, sagte ich.

Sie war schon dabei, vorne einzusteigen, da besann sie sich und fragte einfühlsam: »Ich setze mich besser nach hinten? Du bleibst neben deiner Mama?«

»Ja, ich bleib neben ihr.«

»Dann mal los!«

Meine Mutter holte tief Luft, nahm Anlauf, sprang ab, wirbelte durch die Luft und setzte den Königssprung, einen brillanten dreifachen Axel auf den Promenadeplatz. Ausgleitend chauffierte sie die mehrfache Goldmedaillengewinnerin im Wagenfond souverän durch die Münchner Innenstadt, auf eine weitere Autobahn und plauderte entspannt. »Vor einigen Jahren waren Sie so nett, mich nach Hause zu fahren, heute bin ich Ihre Chauffeurin.«

Fünfzehn Minuten später ignorierte meine Mutter eiskalt die uniformierten Parkwächter, die ihr die Zufahrt zum VIP-Bereich verweigern wollten. Sie war nicht mehr aufzuhalten. Meine Mutter war auf der Goldstraße zum Treppchen.

Mama hebt ab

Mit Sanne hatte ich mich im Vorfeld ein wenig lustig gemacht über die Messe für Senioren. Doch nun musste ich mir eingestehen, dass ich einem Vorurteil aufgesessen war. Sicher, es gab viel Kommerz, doch auch zahlreiche Innovationen, die das Leben im Alter erleichtern, und viele interessante Diskussionen. Und es wimmelte von Promis, die ja auch älter wurden.

Es machte Spaß, mit meiner Mutter durch die Hallen zu streifen. Trotz der üblichen Messeluft war die Stimmung großartig – was an den Akteuren lag. Auf vielen Bühnen zeigten Senioren, wie sie ihr Leben feierten. Sie führten Aerobic und Salsa vor und sogar Bauchtanz. Zuerst war ich ein wenig befremdet, dann merkte ich, dass ich mir selbst auf den Leim ging. Wieso soll eine Siebzigjährige nicht Freude am Tanzen haben? Nicht sie war komisch, ich war komisch, wenn ich das komisch fand. Diesen Anblick ist man einfach nicht gewohnt. Lebensfreude und Ausgelassenheit scheinen für junge Menschen reserviert zu sein. Diese Senioren hier, genau genommen meine nächste Altersstufe, präsentierten eine Choreografie, wie das Alter auch aussehen konnte, wenn man sich nicht von Vorurteilen aufhalten ließ.

»Wir sollten allmählich zur Modenschau. Ich möchte einen guten Platz ganz vorne, damit ich Frau Kilius sehen kann«, sagte meine Mutter. Wir ergatterten die letzten beiden Stühle in der ersten Reihe. Die Models waren zwischen sechzig und fünfundachtzig. Sie waren klein und groß, dick und dünn, attraktiv und unscheinbar, faltig und glatt. Jede strahlte. Sie präsentierten Freizeit-, Trachten- und Abendmode, und es war eine Freude, ihnen zuzusehen. In der Zeitung hatte ich von der Modenschau der Seniorinnen gelesen und das als albern verurteilt. Alte Menschen, die um Schönheit konkurrierten und der Jugend nacheiferten? Aber sie eiferten um nichts, sie mussten sich nichts beweisen, sie konnten ohne Druck laufen, völlig befreit von dem Wettrennen jüngerer Jahre – und das ließ ihr Charisma glänzen. Meine Mutter war genauso begeistert wie ich. Sie klatschte und rief »Bravo!«, und ihre Beine zuckten, als würde sie selbst über den Laufsteg schreiten.

Schließlich wurde Marika Kilius auf die Bühne gebeten. Ihre Fans im Publikum jubelten ihr zu. Meine Mutter hatte rote Backen und hörte als Letzte auf zu klatschen. Und schon ging es weiter mit Abendgarderobe – großer Schlussapplaus.

»Ich versuche mal, Frau Kilius zu finden«, sagte ich zu meiner Mutter. »Vielleicht können wir noch einen Kaffee mit ihr trinken.«

In der Garderobe erfuhr ich, dass Frau Kilius in zehn Minuten zurück wäre. Ich wollte meiner Mutter mitteilen, dass wir noch kurz warten würden, doch sie saß nicht mehr auf ihrem Platz. Wo war sie? Suchend drehte ich mich im Kreis – da entdeckte ich sie. Sie unterhielt sich mit dem Moderator der Show und dem Publikumsliebling, dem fülligsten Model der Show. Die charmante Frau mit dem kecken Hüftschwung mochte im Alter meiner Mutter sein, war jedoch doppelt so breit. Aus der Ferne beobachtete ich meine Mutter im Gespräch. Wie sie lachte und gestikulierte und nickte. Wie sie sich für die anderen interessierte und sie sich ihr aufmerksam zuwandten.

Eigentlich sieht sie aus wie eins von den Models, dachte ich. Sie könnte mitgelaufen sein, auch wenn sie nicht so schön gekleidet und nicht bühnenreif geschminkt war. Und da sah ich es. Zuerst glaubte ich an eine Halluzination, aber nein, es war keine. Unter der rechten Achsel meiner Mutter schimmerte ein flaumiges Flügelchen und tatsächlich, auch unter der linken. Und jetzt schoben sich die Flügelchen heraus, und meine Mutter entfaltete zwei prächtige Fittiche. Auf und nieder, auf und nieder wellte ihr Gefieder. Sie blickte in meine Richtung, lächelte, federte in die Luft, breitete ihre Schwingen aus, glitt zu mir, landete elegant, legte den Kopf schräg und strahlte: »Bei der Modenschau im nächsten Jahr laufe ich mit.«